라이너 마리아 릴케의 장미 시 모음

장미 너 순수한 모순

조두환 옮김

자연사랑

차례

머리말 *4

장미에게 *8
저 먼 외딴 길목에서 *9
루 안드레아스 살로메를 위하여-성령강림절 인사 *10
행복을 향해 걷다가 *11
한 송이의 장미처럼 *12
도착 *13
마리 테레제 투른 운트 탁시스 공주를 위하여 *14
마르테 헤네베르트에게 *15
내적인 장미를 가득 채우라 *17
너의 모습 *18
묘지에서의 생각 *19
나비와 장미 *21
여름밤 *23
꿈 V *24
꿈 XVIII *25
꿈 XXV *26
사랑 XX *27
모든 장미들을 향하여 손짓하네 *28
꽃밭의 장미들은 모두 떨고 있네 *29

강림절. 발견 *30
시든 장미를 꽂아 주리라는 걸 *31
장미들은 모두 바람결에 *32
첫 장미들 눈을 뜰 때 *33
영혼 속 아픔까지도 알고 계시오니 *34
『기수 크리스토프 릴케의 사랑과 죽음의 노래』 중에서 *35
장미들 중의 장미 *37
순례의 길에 피어나는 장미 *39
수호천사 *40
장미꽃 쟁반 *42
장미의 내면 *46
기념비를 세우지 말라 *47
장미, 왕좌 위의 그대여 *48
노래하라, 내 사랑이여 *49
장미의 말 *50
연작시 『장미 Les Roses』(1–27) *51

부록 *79
해설 *114

머리말

"라론의 교회당 옆 높은 쪽에 있는 묘지에 묻혔으면 합니다. 바로 여기가 이 마을의 바람과 빛을 받을 수 있는 첫 자리이니까요." 한 많은 삶의 종막을 예감한 탓일까. 1925년 10월 27일 시인 라이너 마리아 릴케는 세상에 남기는 마지막 말들을 담아 긴 편지를 띄운다. 장미꽃잎처럼 겹겹이 쌓인 구슬 같은 낱말들… 그가 이듬해 12월 29일 고난에 가득한 세상과 작별했을 때, 시인이 바라던 자리에 이런 묘비명이 세워진다.

> 장미여, 오 순수한 모순이여
> 수많은 눈꺼풀 아래
> 누구의 잠도 아닌 즐거움이여.

장미꽃이 피어남은 누구를 위해서이랴. 어떤 의미를 나타내려는 것도, 그 무엇을 목표로 삼는 것도 아니었다. 오직 자기 자신 안에 있는 자체적인 현실을 바라보기 위함이었다.
"누구의 잠도 아닌" 이 '눈꺼풀-이파리' 의 가득함에 맞서서 그는 "순수한 모순"인 "무와 아무도"와 "수많은"의 기본적인 모순을 엮는다. 그에게는 꽃 "그 아래"도 결코 존재하지 않는다. "수많은 눈꺼풀"의 현존은 덮음이나 감쌈으로 더 이상 파악되지 않기 때문이다.
그것은 "잠도 아닌 즐거움"이며, 그것을 사명으로 느끼는 시인의 눈길은 순수함, 즉 조화로운 모순에 대한 갈망이다. 그것은 모든 것에서 해방된 초극의 시간을 기리고자 함이리라.

지구상 3천만년의 역사를 지니고 있는 장미. 그 장구한 세월 이상으로 꽃은 영원성을 희구해온 시인의 삶을 보여주는 본질이자 세계 자체이다. 예술에 대한 상형문자라고 표현하는 사람도 있다. 이런 의미에서 '눈꺼풀 Lider' 을 눈의 보호막이자 죽은 시인이 남기고 간 '노래 Lieder' 로 이해하기도 한다.

장미 가시에 찔려 생을 마감한 시인을 향하여 여류시인 말리에뜨 오드는 「릴케의 죽음」이란 시에서 "그는 죽었다. 장미 가시에 찔려!/ 시인이란 다른 일로는 죽지 않는 것"이라는 말로 애도한다. 장미는 릴케의 삶 자체이자, 작품 전체에 흐르고 있는 예술적 고통의 표현이었다.

릴케의 시는 지금까지 비교적 많이 소개되었다. 장미의 시인에 대한 언급도 자주 있었다. 그러나 삶 자체보다도 더 소중하게 생각해 온 장미에 대하여 평생토록 진지하게 추구해 온 '존재와의 화해' 가 제대로 조명되어 왔을까? 이런 의문을 가지고 이 책은 주옥같은 그의 장미 시들을 뽑아 재조명에 나섰다. 순수한 모순으로서의 장미가 전체, 즉 존재의 완성을 이룰 때까지…

2007년 7월 5일

옮긴이 조두환

라이너 마리아 릴케의
장미 시 모음

장미에게

그대는 여인의 일기책에서
이 낯선 일기책으로 옮겨 왔구나
여인을 잃은 건 아니리니, —찾아보라
모든 말귀 속에서 그 여인을 발견하리라.

저 먼 외딴 길목에서

저 먼 외딴 길목에서
장미를 보았네.
나 스스로 가눌 수 없는
아릿한 어린 꽃가지.

고향 잃은 핼쑥한 아이들과 함께인 듯
나 그대를 찾아 헤매니—
나의 가련한 장미들에게
그대는 어머니가 되어 줄 수 없을까.

루 안드레아스 살로메를 위하여
–성령강림절 인사

오늘 종소리 울려 퍼지며
곳곳에 축제의 물결 넘쳐서가 아니라,
나날의 내 모든 삶을 위하여
이 봄은 더 없이 뜻 깊은 것이라
나는 장미의 축제를 기쁘게 맞으며
은혜를 베풀어 준 여인에게 인사를 보낸다
여인은 고향 잃어 지친 자의
가련한 손에서 방랑의 지팡이를 거두었다.

행복을 향해 걷다가

나는 그대를 향한 한낱 준비와 같네.
그대가 길을 잃으면, 살며시 미소 지으리
나는 그대가 고독 가운데
행복을 향해 걷다가
나의 두 손을 보게 될 줄 알리라.

지루한 일상 속에서 그대와 함께 지내며
모든 운명의 깊은 가치를 깨달을 수 있도록
나는 그대에게 충고하며 가르치리라
아무리 자그마한 장미 속에서라도
위대한 봄을 볼 수 있으리라는 것을.

한 송이의 장미처럼

내가 과일들에 대해 묘사한 것이
아마 그대가 몸을 굽힘으로써
딸기 묘상에까지 이르게 되었다.
그리고 어느 꽃도 내 마음에서 사라지지 않으면,
아마 기쁨에 넘쳐 그대로 하여금
꽃 하나를 따도록 한 것이 아닐까?

그대가 어떻게 달려갔는지 나는 안다.
그리하여 갑자기 숨 가빠하는 그대,
당신은 기다리면서 갑자기 나에게 몸을 돌렸지.
내가 곁에 앉자 그대는 곧 잠들었다;
당신의 왼손은
한 송이의 장미처럼 놓여 있었다.

도착

사랑하는 이여, 장미 속에 네 잠자리가 있노라. 너 자체를 (오 나는 향기의 물결에 거슬러 헤엄치는 것인가) 나는 온통 잃었노라. 세상에 태어나기 이전인 삶에 주어진 이 (밖에서는 헤아릴 수 없는) 세 달씩 세 번, 아홉 달처럼 안으로 꽃잎을 내린 후에야, 나는 비로소 존재하리라. 갑자기 우리가 누리던 저 새로운 피조물이 나오기 전 2천년 동안, 접촉이 시작되면 갑자기, 너를 향하여, 나는 눈 속에서 태어나리라.

마리 테레제 투른 운트 탁시스 공주를 위하여

우리는 순수라, 장미라 말해 봅니다.
그리곤 일어나는 모든 일에 화답합니다.
그 뒤엔 그러나 이름 없는 것이
우리에겐 원래 형상이며 터전입니다.

달이 남성이라면 지구는 여성이지요.
겸손 가득한 초원과 당당히 서 있는 숲
하지만 그 모든 것 위로 줄곧 가늠할 수 없는 형상이
끝없이 변모를 거듭합니다.

세계는 어린이로 남습니다. 우리만이 자라는 게 아쉬워요.
꽃과 별이 조용한 눈길을 던지고 있습니다.
이따금 우리가 그 둘을 자세히 살피면
그들이 우리를 어떻게 이겨내는지 알게 됩니다.

마르테 헤네베르트에게

마침내 일렁이는 마음과 둔한 가슴이 갈라져
이제 당신 안에 있고, 결코 불길에 타지 않은
그대, 이름 없이 명멸하는 자의 자식이여,
갑자기 온기가 서리고 불빛 가득하면,

그 후엔 천사가 되어 내려오리라.
너에게로 결실을 맺어 소리 내며 행해지리라
그냥 생겨난 감정의 소리들을 띠로 삼아
너의 새로운 혈족을 통해서 이끌고 오리라

천국에서 일어날 환한 진실을 불어대는 바람처럼
너에게 다시 가져다주고,
초원의 적막 속에서, 자갈의 화음 속에서도
네가 어찌 가는지 쉽게 알 수 있도록 너에게 줄 것이라.

너에게 장미 한 송이를 보여주리라. 그것은, 저 너머
우리에게는 너무 멀리 있지만, 이미 크게 피어났구나.
잃어버린 수많은 것들 속에서 찾을 수 있었던
감정 속에서 그것을 행하기 위함이라.

보아라, 강과 강둑, 나무들을 보라
조용한 낚시꾼의 등을, 개를 보라
이것은 아직 현실인가, 한낱 좋은 꿈인가?
다정하게 그 뒤쪽으로 흘러가누나.

이 언덕은 우리에겐 너무도 아늑했기에
우리는 쉬며, 우리가 행해야 할 일을 가늠하노라
감정에 얽혀 우리 마음이 갈피를 못 잡은 적도 있고
어린아이 신발을 신은 것처럼 힘들게 걷기도 하지 않았던가.

이것은 언제나 그 모양이라서, 우리 곁을 지나는 그곳은
어디 있을까, 느껴볼지라 : 모든 것이 머물고 있고,
밝은 어두움과 깊은 밝음은
아무런 차이 없이 나뉘노라.

헤아릴 수 없는 세월이 주는 뿌듯함이
대기 속에 서려 있고, 꽃 가득한 곳에 너의 모자가 놓여 있다
너의 맑고 깨끗한 머리칼에서 풍기는 향기는
모든 것이 잘 이루어진 그런 세상과 한 몸이 되노라.

내적인 장미를 가득 채우라

수꽃술을 건너다니며

네 내적인 장미를 가득 채우라

너의 모습

내 마음 속을 들여다 볼 수 있을까
여인들 중에서 가장 아름다운 자의
눈에 보이는 것은 너 자신의 형상일 뿐.
초원을 지나 아주 세차게 흐르는
샘물 속이기는 하지만,
장미는 제 모습을 비춘다.

묘지에서의 생각

적막 속에 잠긴 십자로들
내가 그곳으로 나섰을 때
거친 가을바람이 벌써
내 뺨을 세차게 스쳤다

드넓은 벌판은 벌써
가을 옷을 갈아입고 가만히 누워있지만,
아직—거기—무덤 가장자리에는
장미 한 송이가 남아 있었다—그렇지?

겨우 색깔을 띠기 시작한
작고 귀여운 꽃봉오리!
죽음 속, 그 한 가운데에 자리한
새로운 삶, 새로운 존재!

가련한 장미, 어제까지만 해도
대지의 가슴을 꿈꾸었는데,
오늘은 바로 누이들이 아니리
사랑의 욕망으로 피어나는구나.

부드러운 바람에 흔들리지 않은 채
너는 꿈을 꿀 것이다. 꽃의 아이여,
무덤 사이에서 곧 너를 피워 내리라.
아 막 벌써 바람이 그러는구나.

가벼운 저녁 안개가 점점
드넓은 벌판으로 가라앉았네.
그리고 나는 생각에 잠겨
점점 더 장미를 바라보았네.

장미가 무서워졌고, 악한 죽음에
두렵다는 생각이 들었네.
가지들 틈으로 멀리
차갑고 환한 저녁노을이 보였네.

나비와 장미

장미를 탐하던 나비
자유분방한 소년이여,
질풍 같은 그의 구애를
장미는 그러나 뿌리쳤네.
떠나려고 아무리 애써 보아도
꽂을 결코 피할 수 없었네.
… 아이, 몸조심 하라!

그건 말미잘이었네.
그의 마음 푹 빠져버렸지
이제 그는 이끼 속에서 버티다가,
언뜻 승부를 걸었다
하지만 작은 개구쟁이는 이런 생각을 했나봐
날이 밝은 동안 까지 만이야
… 그 다음엔 조심해야 해!

그리고 밤이 언덕에서 내려올 때—
욕심 가득한 모습으로
그는 화려한 날개를 펼쳐
펄럭이며 장미에게로 날아갔다 …
하지만 그의 승리는 방향을 잃었다!—
꽃잎은 아주 천천히 오므려들었다.
이제—조심해야 해!

여름밤

위대한 태양이 온 누리에 번지네.
여름밤은 열기에 휩싸여 있고
그의 두 뺨은 불타오르네.
갑자기 그는 한숨 터뜨리네: "나는 차라리…"
그리고는 다시: "나는 너무 피곤하구나…"

덤불숲은 기도소리를 높이고
개똥벌레는 영원한 불빛처럼
거기에 가만히 매달려 있는데
작은 흰 장미 하나가
붉은 성광(聖光)을 지니고 있구나.

꿈 V

여기 이 노란 장미는
어제 그 소년이 나에게 준 것
나는 오늘 바로 그 꽃을 가지고
얼마 전에 죽은 그의 무덤으로 가네.

꽃잎에는 아직도 물방울들이
반짝이고 있네—보아라!
오늘만은 눈물일지 모르지만
어제까지는 이슬이었지…

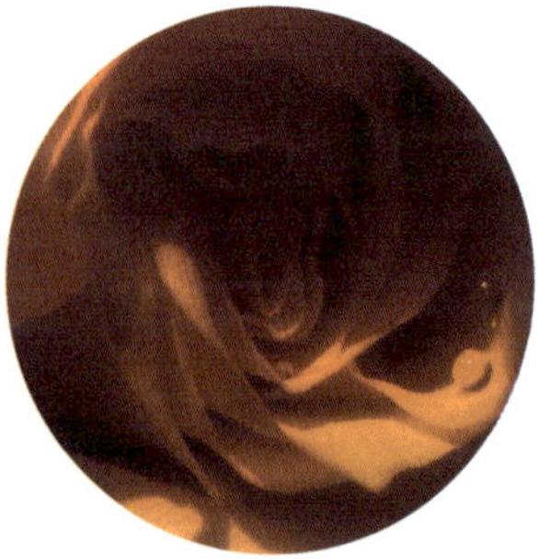

꿈 XVIII

황금빛 행복을 택하고 싶네.
하지만 그리워 찾는 일에 지치고 말았지—
새하얀 시냇물이 고요한 초원 위를 지나고
저녁햇살은 너도밤나무 살갗에 내려앉았네.

아가씨들은 고향을 향해 거니네. 코르셋에 달린
붉은 장미: 저 멀리 그들의 웃음소리 사라져가고…
다시 샛별들이 나타나고
꿈들은 슬픔을 안겨다주네.

꿈 XXV

온 세계가 잿빛 하늘 속에 잠겨 사라질 듯하니
내 마음은 진정 애달프고도 슬프구나.
사랑하는 여인이 내게 마지막으로 입을 맞추며
두 번 다시 만날 수 없겠노라 말하는 것 같아라

마치 죽은 것이나 다름없지만, 내 머리 속에는
그래도 거친 고통이 휘몰아치고 있으니,
어느 바람기 아가씨가 언덕에 있는 나의
마지막, 창백한 장미를 앗아갔기 때문이라.

사랑 XX

가을이 왔음을 알 수 있네. 한낮의 햇살
재빨리 제 몸 속에 사라져 버리는구나.
꽃은 저녁놀을 받아 아이들의 둥근 모자 위에서
아직 환히 반짝이고 있구나.

다 헤진 장갑으로 꽃은 부드러이
그리고 천천히 내 손을 쓰다듬어 주었다.
골목길에는 우리 둘 뿐이었는데…
꽃은 근심스레 "떠나느냐"고 묻기에. "그렇다"고 했지.

이별의 쓰라림으로 그녀는 내 외투의 깃에
머리를 파묻고 거기에 서 있었네.
모자에서 붉은 장미가 고개를 끄덕이자
저녁 햇살이 지친 얼굴로 미소 지었네.

모든 장미들을 향하여 손짓하네

그대 허름하고, 낡은 교회
장식물 마다 모두 먼지에 휩싸여 있네.
봄은 그대 옆에
환한 교회 하나를 세웠구나.

많은 여인들이 추위에 떨면서
향기 풍겨나는 고요한 뜰에 웅크리고 있네
바깥에서는 아이들이
모든 장미들을 향하여 손짓하네.

꽃밭의 장미들은 모두 떨고 있네

노을 진 뜨락에 몸을 기댄 채
둘은 어딘가를 향해 오래토록 귀를 기울이네.
"그대의 손은 하얀 비단결 같구려."라는 그의 말에
그녀는 몸 둘 바를 몰라 "별 말씀을…"이라 대답하네.

누군가 뜰 안으로 들어온 것 같은데
인기척이 전혀 없었네.
그가 나타나자
꽃밭의 장미들은 모두 떨고 있네.

강림절. 발견

너무나 낯설고 창백한 네 모습
문득 너의 두 뺨에는
사라져 버린 장미왕국을 그리는
속절없는 향수가 불탄다.

깊고 맑은 네 눈동자
모든 의무와 수고를 떨쳐버리고 그리는 것은
한낱 조용히 꽃 피우는 것만이
애써야 할 과업이 되는 그 나라

시든 장미를 꽂아 주리라는 걸

산들바람에 나직이 움직이는 너의 머리에
시든 장미를 꽂아 주리라는 걸 아는가.
은화와 같은 모양의 달이 보이는가.
새겨진 한 형상. 미소 지으며 짙은 가시들을
지니고 가는 여인이 아니던가.
그것은 죽은 사랑의 밤의 표시라.

이마 위에서 장미가 죽어가는 걸 느끼는가.
저마다 누이들이 몸을 떨며 벗어나게 하고
홀로 썩어 갔고 또 썩어야만 한다오.
모두가 창백하게 네 무릎으로 떨어지네.
저기에 그들은 죽어 있네. 그들의 슬픔은 낮고 크네.
밤으로 오라. 우리는 장미의 후손들이 아닌가.

장미들은 모두 바람결에

한사코 지금 나는 같은 길을 가려네.
뜰 옆을 지나, 장미들이 막
사람들에게 모습을 드러내려는 곳
그러나 내게 느껴지노니 여전히, 여전히
모든 것을 내가 반길 수는 없으리라
그리고 나는 고마움이나 마주 보내는 인사도 없이
그것들을 스쳐 지나가야만 하리라.

나는 길을 떠나는 그런 사람일 뿐
찬사와 상일랑 필요 없어라
세상을 떠난 복된 자들,
밝고 고요한 형상들이 오기까지,—
장미들은 모두 바람결에
붉은 깃발처럼 펼쳐지누나.

첫 장미들 눈을 뜰 때

갓 피어난 첫 장미들이 눈을 비비네.
향내마저 부끄러운 듯
더 없이 나직한 웃음 터뜨리네.
제비 모양 활짝 날개 펼치어
잽싸게 하루를 스쳐 지나네.

그리고 네가 가는 곳마다
모두 두려움 속에 갇혀 있네.

모든 불빛 머뭇거리고
어떤 소리도 아직 길들지 않았네.
밤은 갈수록 너무나 새로워지고
아름다움도 부끄럼을 타네.

영혼 속 아픔까지도 알고 계시오니

보소서, 우리의 나날은 답답하고
어둠 속의 방은 두려움에 싸여 있는데
우리는 모두 무턱대고
붉은 장미를 잡으려 하네.

마리아여. 자비를 베푸소서.
우리는 당신의 몸에서 피어나리니
그리움이 얼마나 고통을 주는가를.
당신만이 알지 않습니까.

당신은 진정 이 소녀의
영혼 속 아픔까지도 알고 계시오니
장미는 성탄절 눈처럼 차갑게 느껴지지만
불에 아주 다 탄 모습인가….

『기수 크리스토프 릴케의 사랑과 죽음의 노래』 중에서

그때 후작은 커다란 오른쪽 장갑을 벗었네. 그리고는 작은 장미 한 송이를 꺼내어서 성찬의 빵을 잘라 주듯 꽃이파리를 떼어 주네. "이것이 그대를 보호해 주리오. 잘 가시오."
랑게나우의 사나이가 깜짝 놀라, 프랑스 사람의 등 뒤를 한참동안 물끄러미 바라본다. 그리고는 군복 안에서 거북스레 느껴지는 그 이파리를 밀어 넣는다. 파도처럼 가슴이 고동칠 때마다 이파리는 넘실거린다.(8장)

랑게나우의 사나이가 생각에 푹 빠져 편지를 쓰고 있네. 조금씩 글자를 큼직하게, 진지하고도 꼼꼼하게 써내려 가네.

"어머니, 선하신 나의 어머니,
자랑스레 여기세요. 제가 기수랍니다
염려마세요: 제가 기수가 되었습니다.
사랑해주세요: 제가 기수가 되었습니다.-"

이윽고 편지를 군복 깊은 곳. 장미꽃 이파리 옆에 집어넣네. 그리고는 거기에서도 향내가 풍겨나겠지 생각에 잠기네. 그리고 또 생각에 잠긴다. 혹시 언젠가는 누군가가 그걸 발견하겠지… 또 생각에… 적군이 다가오는구나. (12장)

장미들 중의 장미

나무 신의 가지는 이탈리아 넘어 뻗치어
이미 꽃을 피웠습니다.
아마 너무 일찍부터
열매로 가득 채워지기를 바라온 까닭에,
피어나는 중간에 지쳐버린 모양입니다
더 이상 열매를 맺지 못할 것입니다.

신의 봄만이 거기에 있었고
오직 그의 아들, 말씀만이
이루어졌습니다.
모든 힘은 빛나는 아이로 향하여
모두가 선물을 가지고
그에게로 왔습니다.
모두가 게루빔 천사처럼
그를 찬양하는 목소리를 높였습니다.

그리고 그는 장미들 중의
장미인양 살며시 향기를 풍겼습니다.
그는 고향 잃은 자를 둘러싼
하나의 원이 되었습니다.
그는 외투들을 갈아입고 모습을 바꾸어가면서
시대의 솟아오르는 온갖 소리들을 헤치며 갔습니다.

순례의 길에 피어나는 장미

누군가 죽어서 더 이상 간직하지 못할 때면
집들은 어디나 평온을 잃고 말 것입니다.
누군가 은밀한 계명에 따라
순례의 지팡이를 들고 순례의 옷깃을 여미며
길을 물어 찾아가는 낯선 길목에서
그는 당신을 기다릴 것입니다.

천년마다 한번 씩 피어나는
장미에게로 가듯, 당신에게로 가려는
그런 사람들로 길은 늘 법석이겠지요.
수많은 어둠 속 백성과 거의 이름 없는 족속들,
그리고 당신에게 다다르면, 그들은 지쳐버릴 것입니다.

그러나 나는 그들의 행렬을 보았습니다.
그 후로는 흔들거리는 그들의 외투에서
바람이 부는 걸 믿게 되었습니다.
그리고 그들이 누워버리면 사방이 잠잠해지니
벌판 위 그들의 발걸음은 정말 위대하였습니다.

수호천사

당신은 새. 내가 한밤중 잠에서 깨어
소리칠 때마다 그대는 날개저어 달려 왔네.
오직 두 팔 들고 나는 소리치오니, 당신의 이름은
절벽과 같고, 수많은 밤처럼 깊었기 때문이라.
당신은 그늘이 되시니, 그 안에서 나는 조용히 잠들었노라
당신은 형상, 나는 그 빛나는 모습 속에서
당신을 보충하는 테두리이로다.

당신을 어떻게 부르오리까? 보소서. 무디어진 나의 입술을.
당신은 스스로 위대하게 퍼붓는 시작이요,
나는 당신의 아름다움을 머뭇머뭇 마감하는
느리고 근심에 갇힌 아멘이라.

잠이 무덤처럼, 길 잃음과 도피처럼
나에게 나타날 때면,—
당신은 종종 나를 어두운 평온에서 낚아채었네.
그때 그대는 나를 가슴의 암흑 속에서 끄집어내어
진홍색 깃발처럼, 주름 잡힌 커튼자락처럼
나를 모든 탑 위에 매달아 놓으려했지.

그대: 마치 다 알고 있는 듯 기적에 관해서,
멜로디를 흥얼대듯 인간에 관해서, 장미에 관해서,
사건에 관해서 말하는 당신, 그것들은 불타오르듯
그대 눈길 속에서 완성됩니다,—
그대 복을 누리는 자여, 당신이 언젠가 한번 그를 부르는 때
그의 일곱 번 째, 마지막 날에
여전히 당신이 날개 침에 따라 광채를
잃고 누워 있네…
당신은 내가 물어보기를 명하시는 건가요?

장미꽃 쟁반 

너는 노여워하는 자들이 횃불처럼 파닥이는 걸 보았다
소년 둘이서 한데 뒤엉클어지는 걸 보았다
그들은 벌 떼에 쏘인 말 못하는 짐승처럼
오로지 미운 마음 가득 품고 땅바닥에 뒹굴었다
광대들이나, 하늘 위에서 나풀대는 허풍선이들,
미친 듯 날뛰던 말들, 모두가 지쳐 쓰러졌다
두개골이 주둥이에서 까질 듯이
잇몸을 드러내고, 눈길마저 내어 던졌다

하지만 이제 그 모두가 어떻게 잊힐지 너는 알까.
네 앞에 가득 찬 장미꽃 쟁반이
결코 잊을 수 없을 것이며, 존재와 기울음,
견딤, 더 바칠 수 없는 헌신,
우리의 것일지 모를 현존의 극단으로
가득 차 있기 때문이려니: 저 극단도 그러리라

적막 속의 삶, 끝없는 열림,
공간이 쓰이지만, 주위 사물들이 줄여 가는
그런 공간으로부터 빼앗은 공간은 없다

아무 색깔도 없는 바탕처럼 거의 윤곽조차 없고,
있는 것은 내면 뿐. 수없이 많은 낯선 부드러움
그리고 스스로를 비춰보는 것—저 가장자리까지: —
어디서 우리는 이와 같은 걸 만날 수 있을까?

그리고 이런 꽃잎들이 서로 맞닿음으로써
일어나는 느낌은 어떤 것일까?
그리고 이것 하나가 눈꺼풀처럼 열리고
그 아래에는 오로지 그냥 눈꺼풀들만 있었노라
모두 감긴 탓인지, 마치 잠에 취한 듯
열 겹으로 내면의 시력을 흐릿하게 할 것만 같구나.
무엇보다 이 잎들을 통하여
빛이 지나가야 한다. 수천 하늘로부터
잎들은 천천히 어둠의 저 물방울을 여과하고
그 화광의 꽃 밥 속에
혼란한 다발이 움직이고 우뚝 일어선다.

그리고 장미들 속의 움직임을 보라:
그런 작은 각을 통해 반사되는 몸짓으로 해서
그들이 모두 눈이 띠지 않은 채 그대로 남게 되면,
그들의 빛이 우주 속으로 서로 흘러들지 않을까.

복된 모습으로 활짝 피어난 저 하얀 꽃을 보라
그 움푹 패어진 곳에 똑바로 비너스처럼
크게 펼쳐진 꽃잎 속에 서 있는 그 모습.
온통 혼돈 속에 있는 것처럼, 새빨개진 모습
시원하고 냉담한 모습으로 바뀌었다. 그리고
시원한 것이 무감각하게 물러서고 있는지
그리고 모든 걸 벗어던진 채 활짝 핀 장미들 가운데
스스로에 휩싸여 얼마나 냉담하게 있는지.
또한 그들이 벗어던진 건 외투나, 짐이나, 날개나,
무도회 옷처럼, 가볍든 무겁든 제 격에 다른 것뿐이라
사랑하는 이 앞에서처럼 어떻게 벗어던졌는지.

그들이 아닐 수 있는 건 무엇일까? 거기에 움푹 패어진,
열린 과일의 껍질이 아닌, 그 안에서는 똑같은 노란 것,
농도 짙은 오렌지처럼 붉은 즙이었을까?
바람결에 무어라 이름 할 수 없는 장미 빛 꽃
라일락 쓰디 쓴 뒷맛을 느낄 수 있었나?
저 세상 삼베로 만든 것은 드레스가 아닌가
거기엔, 여전히 부드럽고 숨결 따뜻하게 셔츠가 감추어져 있고,
그와 더불어 숲 속 연못가 이른 아침의 그늘 속에
내던져지지는 않았는가?
그리고 여기 이 동그스름한 도자기가

너무도 깨어지기 쉬운, 얇은 중국 찻잔이
밝게 비치는 작은 나비들로 가득하지 않던가?
그리고는 스스로 외엔 아무 것도 포함하고 있지 않았던가?

그리고 모두가 그런 것은 아니다. 스스로를 간직하면서,
만약에 간직한다는 것이 저 바깥의 세계를,
바람과 비와 봄의 인내와
죄와 불안과 얼굴을 드러내지 않는 운명과
저녁 대지의 어둠과
구름의 변화와 도주와 떠나감과
먼 별들의 영향까지를
한줌의 내면적인 것으로 바꾸는 것을 뜻한다면,

이제 시름없이 열린 장미 속에 있다.

장미의 내면

이 안쪽에 맞을 바깥쪽은
어디 있을까? 얼마나 고통스러웠기에
이런 삼베를 깔아 놓았을까?
이 활짝 열린 장미의,
이 시름조차 모르는 장미의
안쪽 호수 그 안에는
어떤 하늘이 비치고 있을까? 보라;
만발한 장미들은 흩날리듯 흐트러졌다
떨리는 손으로도 한번도 흩뜨려 놓은 일이 없는 것처럼
느슨한 것 속에 느슨히 풀린 그 모습을.
혼자 힘으로는 스스로를 조금도 가눌 수 없으니
숱한 꽃들이 필대로 피어 흘러넘치니
내면공간으로부터 나날 속으로
흘러든다. 넘치다 못해 절로 닫히는 하루하루
어느새 온 여름이 방이 된다.
꿈속의 방이다.

기념비를 세우지 말라

기념비를 세우지 말라, 그저 장미로 하여금
해마다 그를 위해 피어나도록 하라.
그것이 바로 오르페우스이므로
그의 화신은 곳곳에 있다. 다른 이름을 걸고

애쓴다고 되겠는가. 노래 소리 들릴 때엔
언제나 오르페우스가 있으리라. 그는 왔다가 간다.
이따금 그가 장미꽃 쟁반을 며칠이라도
더 살아 있게 하는 것만으로도 충분치 아니한가?

오! 왜 그가 사라지지 않으면 안 되는 지를 이해하라.
비록 그 자신조차 사라짐을 두려워할지라도
그의 언어가 현세를 건너지르는 동안

그는 벌써 너희가 닿을 수 없는 저편에 있다
칠현금의 격자도 그의 손을 붙들 수 없다
더욱이 그는 넘어가는 동안 순종하는 것이 아닌가.

장미, 왕좌 위의 그대여

장미, 왕좌 위의 그대여, 고대에는
소박한 테두리에 둘린 꽃송이였다
그러나 우리에게 그대는 꽉 찬 꽃, 헤아릴 수 없이
무진장한 대상이다

풍요로움 속에 환히 비치는 모습, 겹겹이 의상을 걸친 듯
그대는 찬란한 빛만으로 이루어진 육체
하지만 그대의 꽃 이파리 하나하나는
모든 옷차림의 회피이자 거부라.

그대 향기는 수백 년 전부터 우리에게
달콤하기 이를 데 없는 이름을 지어 주었다
홀연히 그 향기는 명성처럼 허공에 뜬다

그럼에도 우리는 어림짐작뿐… 그 이름을 모르노라,
그리고 부를 수 있는 시간에 요구했던
추억은 그것에게로 옮아가노라.

노래하라, 내 사랑이여

노래하라, 내 사랑이여, 유리컵에 부어진 듯
투명하여 손댈 수조차 없을, 이름 모를 그 정원들을.
그들이 복되기를 노래하라, 이스파한이나 쉬라스의
분수와 장미, 뛰어난 그 모습들을 찬미하라.

보여주라, 내 사랑이여, 그들 없이는 한 순간도 지낼 수 없음을
그 무르익는 무화과 열매들은 너를 마음에 품고 있음을
눈에 띠게 모습을 크게 해가며, 꽃피는 나뭇가지 사이에서
불어오는 산들바람과 벗이 된 그대임을.

존재하겠노라 굳게 다짐한 이런 결심에는
그 어떤 구멍이 있으리라는 헛된 생각일랑 버릴지라.
명주실이여, 너는 벌써 짜여 천이 되었구나.

네가 마음 속 깊이 느끼던 무늬가 어떤 것과 일치되든
(혹시 고통스런 삶의 한순간이라 할지라도)
마음에 두고 있어야 할 것은 훌륭하고도 완전한 양탄자가 아니랴.

장미의 말

낱말들을 모양에 따라
정돈하고 짜 맞추기도 하지만
어떻게 실제 장미와
똑같이 될 수 있으랴?

만약 누군가 이상한 구실을 붙여
이 놀이를 뒤 받혀 준다면
그건 바로 어떤 천사가
좀 방해하려 한 탓이 아닐까.

연작시 『장미 Les Roses』

1

행복한 장미여, 신선한 네 모습에
때로 우리가 그리도 놀라지 않을 수 없음은
꽃잎과 꽃잎 겹겹이, 네 안 깊은 곳
거기서 네가 쉬고 있기 때문이려니

언뜻 보면 깨어 있지만, 네 중심은
잠들어 있다. 이 고요한 가슴의 부드러움
언제까지 닿을 수 있을 지 아는 자 없으련만,
황급하기 짝이 없는 입에 이르는 그 폭은 넓기만 하다.

2

나는 보노라. 장미, 살짝 펼쳐진 책 같은 네 모습
우리가 결코 읽어보지 못할 자세한 행복 이야기
수많은 책장들 속에 가득 채워진
그대 마력의 위대한 책이여

바람결에 열린 채
눈을 감으면 읽을 수 있는…,
생각이 똑같아서 넋이 빠진 걸까
너에게로부터 나비들이 날아오누나.

3

장미여, 오 더 할 수 없는 완벽한 사물
끊임없이 스스로를 품고 있으며, 변함없이
스스로를 줄곧 넘치게 하는—오 잘린 육체의
머리. 너무 달콤한 까닭에 세상에서 사라졌을까,

그 누가 너와 겨룰 수 없으리오. 오, 그대여,
이 변하기 쉬운 자리 속 그 숭고한 본질
네 향기는 우리가 힘겹게 뚫고 들어 갈
이 사랑—공간의 참된 이음새가 아닐까.

4

그럼에도 불구하고 너의 잔을 채우라고
힘을 북돋아 준 것은 바로 우리들이 아니던가.
그런 우리 마음에 이끌리어
너의 넉넉한 마음이 힘을 얻지 않았던가.

단 한 송이의 꽃으로 백 번이라도
너 자신을 되찾을 수 있을 만큼 풍부했던 너
그것은 사랑하는 사람의 상태일진대
하지만 너는 달리 생각해 보지는 않았으리라.

5

체념으로 에워싸인 체념,
부드러움으로 닿는 부드러움…
네 한 가운데에는 스스로를 끊임없이 품어줄
그런 곳이 있으리라 생각해도 좋으리라

자기 안에서 자신을 애무하면서
스스로의 모습으로 빛을 발하는 듯하다
이처럼 너는 뜻을 다 이룬
나르시스의 주제를 생각해 낸다.

6

단 한 송이의 장미는 저마다의 모양이며
바로 이 하나는 봉해진 사물들로 짜여져
다른 것으로 대신할 수 없는 것
완전하고, 나긋나긋한 낱말

장미를 생각하지 않고 우리 희망이
어떻다느니 말인들 꺼낼 수 있을까
끊임없는 이 출발점에 서서
도중에 포근히 쉴 것에 대해 말할 수 있을까

9

장미여, 말쑥한 네 얼굴에 스민 정열
너를 향하여 선 장미의 유곤함이라
이름 붙여 볼까…; 장미여, 너는
발가벗은 성자의 이 매혹적인 향기를 내뿜는구나

더 이상 매혹적일 수 없는 장미여, 마음 속 깊은
평화로 해서 몸 둘 바를 모르는 궁극의 연인이여
이브에게서 멀리, 그녀의 첫 번 경고에서 벗어나—,
사라짐마저 무한히 간직하고 있는 장미.

10

시간의 벗, 아무도 그 안에 머물 수 없고,
모두가 거부당해 쓰라린 가슴이 되었다
위로자인 장미여, 네 존재는 바람 속을 떠돌며
그런 사랑의 무수한 어루만짐을 알리고 있다

삶을 포기하고, 지난 일들과
다가올 일들을 거부한다 해도
우리 곁에서 기적을 일구어 낼
이 올곧은 벗에 대한 생각을 그칠 수는 없으리.

11

완벽한 징미여,
네 존재를 너무나도 잘 알고 있기에
너를 기리는 마음으로 가득한 나
너와 하나임을 느끼지 않을 수 없네.

장미여, 네가 인생의 전부인 듯
나는 그대의 향기를 들여 마신다
그리고 나 자신 이토록 아름다운 벗의
완전한 친구가 된 듯 느끼노라.

12

장미여, 누구에게 맞서려고
너는 그 가시들을 가지기로
마음먹었는가?
너무나도 섬세한 너의 기쁨이
너로 하여금 그렇게 단단히
무장하도록
강요했던가?

하지만 이런 지나친 무기가
너를 누구의 위협에서 보호하려는 것인가?
얼마나 많은 적들이
그걸 조금도 무서워하지 않았기에
너를 꺾어 가지고 달아나지 않았던가.
그와는 달리, 여름에서 가을이 되기까지
너를 온몸으로 보살펴준
사람들에게는 상처를 입히지 않았던가.

13

장미여, 너는 우리가 지금 누리는 희열의
뜨거운 동료가 되기를 더 바라는 건가?
아니면 그 어떤 즐거움이 되살아 날 때
네가 더욱 의지하는 건 추억인가?

행복한, 바짝 마른 네 모습을 나는 자주 보았던 것이
—꽃잎 하나하나가 장미의 수의—
향내 나는 상자 안에, 램프의 심지 곁에서였던가
아니면 홀로 다시 읽게 될 아끼는 책 속에서였던가.

14

여름: 며칠간 밖에 되지 못할지라도
장미들과 함께 할 수 있어야만 하리.
활짝 핀 그들의 마음 밭에
떠도는 그 무엇을 호흡하기 위하여

죽어 가는 장미들 하나하나를
가슴 터놓는 벗으로 만들기 위하여
그리고 자리를 떠난 다른 장미들 가운데
이 누이를 살아남아 있게 하기 위하여.

15

오, 풍요로운 꽃이여, 너는 홀로
네 자신의 공간을 창조하누나.
향기로 가득한 거울 안에
네 모습을 비추어 보누나.

수많은 꽃받침의 다른 꽃잎들처럼
네 향기가 맴돌고 있구나.
너를 붙잡으려니, 더욱 몸을 흔드는 너
정말 놀라운 여배우가 아닌가.

16

너에게 대해선 뭐라고 말하지 말아야지.
말로는 표현할 수 없는 너의 본성
다른 꽃들은 식탁을 장식하지만
너는 식탁의 모습을 바꾸어버리지 않는가.

우리가 너를 한낱 꽃병에 꽂으면—,
그에 따라 모든 것이 변화하는구나
아마 그것은 똑같은 문장인지 모른다.
한 천사가 부르는 그런 노래인지 모른다.

17

네 안에서, 너 자신보다 더욱 더
네 궁극적인 본질을 준비하는 것은 너
너에게서 나오는 이 혼란스런 감동
그것은 너의 춤이다

꽃잎도 저마다 한 마음인 듯
그리고 바람결에 실려
보이지 않는
향기로운 발자국을 겨우 내 딛는다.

오, 수많은 눈들의 음악이여
온통 그들이 둘러 싼
그 한 가운데 손으로 댈 수 없는 .
네 성스러움.

18

우리 마음을 움직이는 것들을 너도 모두 지니고 있지만
네게 일어나는 일들은 우리가 알 수 없는 것
네 책의 모든 페이지들을 읽기 위해서는
백 마리의 나비가 필요할지 몰라

네 안의 어떤 것들은 사전과 같으니
그것들을 모아들이는 사람들은
실린 낱말들을 모두 다시 읽고 싶어진다.
나는 편지와 같은 장미들이 좋다

19

너는 스스로를 본보기라고 내세우는 건 아닌지?
아무 일도 하지 않으려고 언젠가 행해 왔던
우리 자신의 미묘한 물질을 장미처럼
겹겹이 만들어 다시 가득 채울 수 있을까?

바로 한 송이 장미가 된다는 것은
진정 애써 일하는 것은 아니니
신은 창밖을 내다보면서
집을 짓는다.

20

말해보려나, 장미여,
네 느릿한 본성이
네 안쪽 원 말고는 어디에서 나와
이 끔찍스런 걱정 모두를
이 지루한 공간에 떠넘기려는가?

이 대기는 얼마나 때를 놓치지 않고
자신이 어느 것에나 찢긴다고 엄살을 떨었던가.
아니면 얼굴을 찌푸리고
속상한 모습을 보이기도 하지 않던가.
장미여. 공기는 그 동안에
네 꽃잎 주위를 뽐내며 도는구나.

21

둥근 장미여, 너를 완성하기 위해
네 줄기 위에서 빙빙 돌고 있는 모두가
너를 어지럽게 하지는 않는가?
그러나 네 자신의 격정에 흠뻑 젖어

너는 네 꽃봉오리 안에 있는
자기 모습을 모른다. 고요한 중심이
둥근 장미의 휴식이 될 수 있도록
맴도는 건 세계가 아니던가.

22

다시금, 죽은 자들의 땅에서
솟아 나온 그대 장미여,
온통 황금빛 속 낯을 향하여
가지고 가는 그대여

이 확신에 가득 찬 행복.
그리고 움푹 패어진 해골을 가진 자들은
결코 그만큼 알지 못했으리라
그들은 그렇다고 말할까?

23

너무나도 늦게 핀 장미여, 쓰라린 수많은 밤들이
강렬한 별빛으로 네가 피어나지 못하게 만들었지
장미여, 너는 네 여름의 누이들이 누리던
가볍고도 알찬 기쁨들을 알아차릴 수나 있을까?

너무나 꽉 조인 껍질 속에서
네가 망설이고 있는 걸 나는 날마다 지켜보았다
태어나면서, 거꾸로 서서히 죽어 가는 모습을
따라하는 장미여.

너의 무궁한 몸가짐이 너에게 알려 주노니
모든 것이 뒤섞인 어떤 혼잡 속에서
무와 존재의 엄청난 조화를
우리는 무지하게도 거부하지 않았던가?

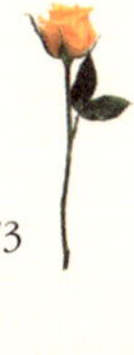

24

장미여, 너는 문 바깥에
남겨져 있어야 했나, 귀여운 그대여?
우리에게 운명이 저절로 고갈되는
여기서 장미가 하고 있는 건 무엇인가?

돌아오지 못할 지점. 지금 우리와 함께
너는 남겨졌다. 아픔을 나누며,
절망적으로, 이 삶, 당신이 속하지 않는
이 인생이.

25

장미여, 우리 습관에 따라 소중히 간직된
우리의 귀한 추억에 바쳐진
우리 꿈에 연결될 정도로
거의 환상의 것이 되었다—

바람결을 타고 나는 동안 고요하게. 장미여
모든 기도 찬가를 어둡게 하여 주고
장미 창 속에 승리의 모습이 되며,
두 연인들 사이에서 죽는다.

26

위험스런 일들이 너무나도 많지만
끝없이 편안한 마음으로
늘 해오던 대로
아무런 변화도 없이
피어오르는 장미는
측량할 길 없는 인내의 징조였다

꽃이 어떻게 살아있을지 우리가 아는가?
의심할 나위 없이 그것이 사는 날 중의 하나가
이 세상 삶의 모든 것이며
우리 무한성의 모든 것이 아닌가.

27

장미여, 진정 땅위에 속하며 우리와 동등한
모든 우리의 꽃들 중의 꽃이여,
네 안, 겹겹이 쌓인 모습, 우리 자신에게
확실히 느껴지는 그 기쁨을 아는가?

너를 가득 채우는 부드러운 감촉들. 오 장미여,
이것들의 잣대가 우리가 힘을 내어
행하려 하는 것, 모험을 걸어보려는 것,
그리고 금방 다가오지 않는 이 행복을 모두 가늠해 줄까?

부록

앙드레 지드

1914년 1월 26일

라이너 마리아 릴케가 어제 아침 나를 찾아 왔다. 내 책 『탕자의 귀환Enfant prodigue』을 번역하는 과정에서 쉽게 이해되지 않는 구절이 몇 군데 있다 하여 물어보기 위해서였다. 품위 있는 그의 얼굴을 다시 볼 수 있어서 기뻤다. 과묵한 표정 속에서 순수성, 아니 영혼에 깃든 섬세한 정감을 읽을 수 있었다. 그는 마침 내 서가에서 '그림Grimm 대사전'을 발견하고 너무나도 기뻐하면서, 바로 곧 'Hand'라는 단어 부분을 펼쳐들고 차근차근히 읽어 내려갔다. 한참동안 그가 하는 대로 내버려 두었다. 순전히 흥미에 이끌려 미켈란젤로의 소네트 몇 편을 번역하다가 'palma'라는 단어에서 막혔다는 것이다. 독일어에는 손등을 표현하는 어휘는 있어도 손바닥에 대한 표현은 없는 것을 알게 되어 매우 놀랐다고 했다.

(…)

나는 한 독일작가의 자기 모국어에 대한 아주 세심한 반응 자세를 확인하고 다시 한 번 큰 교훈을 얻었다. 그런 세심함을 다른 어느 곳에서도 본 적이 없었고, 다른 나라의 작가 중 누가 그랬다는 이야기도 들은 적 없다.(여기서 꼭 기억해 두어야 할 것은 오늘날 독일의 위대한 작가들 중의 하나인 라이너 마리아 릴케가 체코 출신이라는 사실이다.)

앙드레 지드

1927년 2월 9일

라이너 마리아 릴케에 대해서는 이제 언급되지 않은 것이 거의 없을 정도가 되었다. 그와 접촉을 한 사람들은 한결 같이 그의 우아함과 자상함의 마력에 흠뻑 젖었을 것이다. 그는 또한 모든 사람들이나 개개인에게 항상 너무나 완전한 모습이었다. 그는 작가였지만, 그런 내색을 보이려 하지 않았다. 작가인 것을 부끄러이 여긴 적도 없었다. 그는 자신이 늘 수호하려고 했고 위탁받은 것으로 여기고 확장시키려고 마음을 먹었던 그 샘솟는 보물을 그의 눈길 속에 포근히 빛나게 하거나 소리 없이 흘러가게 했던 것이다.

나는 기나 긴 세월 속에 묻혀 버렸지만 아직도 생생하게 살아 있는 그 진한 우정에 대한 기억을 더듬어가고 있다. 뤽상부르 공원에서 함께 산책하던 일, 두 사람이 서로가 끊임없이 더욱 깊은 공감의 메아리에 기울이던 긴 대화들…

그 모든 것들을 내 어찌 다 이야기할 수 있을까? 릴케는 내가 가장 사랑했으면서도 가장 적게 언급한 사람 중의 하나인지 모른다. 그의 모습은 그 자신의 작품 속에 잘 나타나고 있음을 알기 때문이다. 그의 책들 중 어느 하나라도 펼쳐들면, 곧 그의 음성이 들려오는 듯하다. 그의 몸짓도 보인다. 그의 눈길도 되살아난다. 그가 저 세상의 사람이라는 것이

도저히 믿어지지 않는다. 모든 것을 품어 안는 마음, 그의 문학에는 그런 공감대가 담겨 있다. 그러나 그것이 우리 안에 일깨우는 사랑은 그에게는 더 이상 닿을 수 없어서 앞으로도 그에게는 위로가 되지 못할 것이다.

폴 발레리

1931년

라이너 마리아 릴케… 이 귀한 이름은 지금까지 기쁨의 소리, 만남에 대한 달콤한 희망, 값진 의견교환을 지금까지 유지해 왔다. 그 이상 넉넉할 수 없는 이름이다. 적어도 나에게는 마적인 어휘, 정신적인 밀착, 가득한 성취감을 뜻한다. 이 사랑스런 이름은 불현듯 밀려드는 고통이기도 하며, 가슴을 찢는 듯한 감정이 되기도 하였다. 친애하는 릴케여! … 나는 그를 잘 관찰하여 왔다. 나는 그에게서 이 세상의 섬세하고 재기발랄한 인간의 모습을 발견하고 사랑하게 되었다. 모든 기이한 불안과 정신의 신비로움으로 가득한 그런 인간을 말이다.

(…)

그는 한동안 뮈족 성에서 은둔생활을 했다. 그러는 동안 여러 차례 방황을 거듭한 이후에 건강상의 이유로, 특히 명상을 좋아했기 때문에 외부와 연락을 끊고 여러 생각들을 자유로이 깊게 펼칠 수 있었다. 그리하여 릴케는 점점 모르는 사이에 지성적 유럽의 시민이 되었다. 한마디로 게르만 문화권의 가장 높은 명성을 떨친 작가들 중의 하나인 위대한 시인은 슬라브인종과 아주 강한 친화력으로 연결되었고, 스칸디나비아를 아주 깊이 아는 사람이었다. 서방 지역으로는 프랑스 문화에 아주 가까이 접근하고 있었기 때문에, 나는 그가 우리 언어로 시를 쓰고 출판하도록 쉽게 권유할 수 있었다.

그를 잃은 것은 유럽이 지니고 있는 모든 아름다움을 파악하는 힘과 다양함에서 우러나오는 풍요로운 지식의 상실만을 뜻하지 않는다. 더욱 안타까운 것은 가까운, 이미 창조적인 감각성, 즉 미래시대의 영혼 같은 그런 것들을 간직하고 있던 그런 사람 하나를 상실하였다는 것이리라.

앙드레 지드

호텔 탁자에서 발견한 「피가로」지 옛 발행본에는 에드몽 잘루가 쓴 흥미로운 기사가 눈에 띄었다. 그는 차분한 마음가짐으로 글을 써 나가는 라이너 마리아 릴케의 특징에 대해 이야기 하고 있다.

『두이노의 비가』에 관한 이야기를 하던 끝이었던가. 릴케가 이렇게 말하는 것을 들은 적이 있다. 시의 대부분이 붓끝에서, 좀 더 자세히 말하면, 연필 끝에서 나왔다 해도 과언이 아니라는 것이다. 그는 산책을 나가서도 늘 지니고 다니던 비망록에다 그때 그때의 생각을 기록해 두었고, 또 별다른 첨삭 없이 발표했다. 그는 가지고 있던 그 비망록을 나에게 보여주기도 했다(그는 마침 아침식사를 하기 위해 빌라 몽모렌시로 온 것이다). 거기에는 수많은 시들이 메모의 형태로 남겨져 있었다. "뤽상부르 공원 벤치에서 즉흥적으로 썼다"는 말 대로, 추가된 흔적이 전혀 보이지 않았다.

앙드레 지드

1941년 10월 21일

라이너 마리아 릴케.

금방 보고도 알만한 보통 때 그의 얼굴이 쉬 떠오르지 않는다. 그의 표정, 그의 존재 속 전체 소재가 어떤 정신성으로 가득 채워져 있는 까닭인 것 같다. 어떤 붓으로도 재현할 수 없을… 그는 자기 몸 어디에도 부속되어 있는 것 같지 않은 인상을 풍겼다. 현실이라 부르는 것 보다 더 현실적인 어떤 신비에 가득한 영역이 남달리 그의 안에 머물고 있다는 생각이 든다. 이러한 영역에서만 진정 그와 만날 수 있을 것 같았다.

그것을 깨닫자 그와의 우정은 소중해졌다. 일종의 부끄러움이라 할까. 어떤 망설임이 그와의 대화를 울타리 안에 가두었다. 그리고 나는 어디까지나 어렴풋이 그를 이해할 수 있었다. 그도 역시 그랬으리라. 그를 제대로 규정하려 한다면, 그에 대해서 언급되는 것 모두 우리가 아리엘(천왕성의 제1위성)에 대해서 말하는 것처럼 약간은 거짓이며 거칠게 표현되고 있는 것 같다.

장 곡토

1953년

모든 예술가에게 특징을 이룬다고 할 수 있는 바로 이 비밀의 언어가 작품들을 방금 이야기 한 바 있는 그 거대한 고독 속으로 빠지게 한다. 그것은 바로 예술이 숨겨진 그림 찾기 같은 수수께끼를 맞추거나, 그 비밀을 눈치 채는 것에 만족해하는 그런 사람들을 뿐만 아니라, 그의 소원에 걸맞은 어그러진 방법에 따라 그것을 설명하는 그런 사람들을 지목하는지에 대해 의문을 품어보는 계기가 된다. 릴케가 한 편지에서 이렇게 자기 생각을 써 보낸 적이 있다. 말이 달라 서로 의사가 소통되지 않는다 할지라도, 작가들은 단 한 가지 말만 해야 한다는 것이었다. 언어가 어떤 표식들을 통해 전달되고, 그것들이 혹시 작가들 마다 자신의 언어관습에 적합한 보편적인 규칙에 지배를 받는 한에 있어서, 이런 언어는 유일한 어법으로 존재할 것임에 틀림없다는 것이다.

칼 케레니

1959년 1월 15일, 기차 안에서

(…) 릴케의 프랑스어 시를 읽었다. 그것은 단순히 한 언어로부터 다른 언어로가 아니라, 바로 다른 언어 분위기로의 도피였다. 모든 것이 언어 이외의 것, 즉 분위기 그 자체에 크게 의지하고 있었다.

(…)

릴케의 장미 시에 대하여(조두환)

장미가 꽃들 중의 꽃인 것처럼,
이 집도 집들 중의 집이노라.

〈영국 요크 카테드랄의 장미창에 새겨진 글〉

평생을 진리탐구에 몸 바친 노학자가 자신에 대한 깊은 회의에 빠진다. 그에게 접근하는 악마 메피스토펠레스. 악마는 신과 내기를 건다. 주인공 파우스트는 악마의 계략과 유혹에 이끌려 온갖 모험과 향락을 추구하다가 결국 숨을 거둔다. 악마가 그의 영혼을 거두어 가려고 하자 신은 "선한 인간은 비록 어두운 충동 속에 휩쓸릴 때라도 자신의 바른 길을 잃지 않는다"고 하며 탐색하는 영혼을 구원한다. 괴테는 작품 『파우스트』의 마지막 장면을 천사들의 합창소리와 더불어 파우스트의 무덤 위로 쏟아지는 수천 송이의 장미꽃으로 장식한다.

해마다 5월이 되면 계절의 여왕 장미가 화사한 옷자락을 펼친다. 온 누리엔 향기로 가득하다. 꽃이 여인의 아름다움에 대한 표상으로 자리 잡으면서 사랑의 순수함, 신비한 삶, 천상의 완벽함 같은 이상세계를 펼치는 데 쓰인다. 그런가 하면, 심장에서 뿜어져 나오는 피의 순환처럼 사랑과

질투가 상호 역동하는 세계상도 보여준다. 꽃망울이 영글어 활짝 피는 과정은 그리움과 수줍음에서 청춘의 활기로 이어지는 인간의 생장환경을 그대로 대변한다.

장미의 표현영역이 에로스의 정원, 단테의 낙원, 연인, 비너스 등과 같은 상징영역으로 확대되면서 장미는 생명력, 피, 혼란, 도취 등 감각적인 대상을 표시하는 한편, 여성의 머리카락, 입술, 젖가슴 같은 에로티시즘의 세계와도 연결된다. 그리스와 로마신화 상으로는 사랑의 여신 아프로디테와 비너스로 형상화되고, 성서적으로는 골고다 언덕에서 흘린 예수의 피를 암시한다.

장미는 삶의 그림자인 죽음도 포용한다. 영국의 왕세자비 다이애나를 추모하기 위해 발표된 노래「바람 속의 촛불Candle in the wind」(엘톤 존Elton John 작곡)은 "영국의 장미여 안녕/ 그대는 영원히 우리의 가슴 속에 피어날 것입니다./ 그대는 생명들이 산산이 찢겨지는 그곳에서도 은혜였습니다"라는 낱말들로 장미는 곧 존재한계를 넘어 영원의 세상을 노래하는 최상의 메시지가 된다. 고대 로마 시대에 장미가 부활을 상징한다 하여 장례지에 재배하던 관습도 있었고, 동양불교에서는 둥근 형태의 장미를 만다라의 미를 암시하는 것으로 보고, 일곱 잎은 공간의 일곱 방향, 일주일, 일곱 개의 유성들과 연관시킨다. 여덟 개의 잎으로 된 장미는 그런 점에서 소생, 혹은 재생을 의미한다.

장미가 세상에 언급되기 시작한 것은 줄잡아 3,500만년. 오늘날 세계에서 가장 오래된 장미로는 독일 힐데스하임 성당의 것이 손꼽힌다. 기록상 815년이니까 정말 장구한 세월 동안 인류와 함께 했다. 2차 대전 중에는 연합군의 집중적인 포화 속에 불타 없어질 위기를 맞이하였지만, 시민들의 애틋한 노력으로 뿌리손상을 막아 오늘에 이를 수 있게 되었다. 장미는 정말 이처럼 인류문화와 함께 했다.

릴케는 장미를 무척이나 사랑했다. 그 가시에 찔려 자신의 삶 까지도 마감했다. 그런 까닭에 그는 장미를 시문학의 키워드로 삼았다. 그의 작품 속에는 복합어 형식으로 쓰인 것을 제외하더라도 대략 250번 정도나 나온다. '난초', '국화' (SW I. 88), '아네모네' (SW II. 206) 등을 통해 섬세한 정서를 표출한 바 있고, 연작시 「꽃의 언어Die Sprache der Blumen」(SW III. 36ff.)(1891/4)에서는 24개의 꽃 종류를 열거하면서 여성적인 부드러움과 감상적인 정취를 인간존재, 예술혼, 삶, 꿈(영혼)과 연결시킨 그이지만,[1] 장미를 통한 시인의 애틋한 심상은 사랑의 기다림에서 완성까지, '장미정원' 과 '장미왕국' 에 이르기까지 작품 곳곳에 흘러넘치고 있다.

『초기시집Die fruen Gedichte』에서 릴케는 「첫 장미들 눈을 뜰 때」(SW I. 163f.), 「영혼 속 아픔까지도 알고 계시오니」(SW

I. 182f.) 같은 시들을 통해 대부분 개인적인 연정과 꿈을 그리고 있다. 그러면서도 "여기 이 노란 장미를/ 어제 그 소년이 내게 주었지./ 오늘 나는 그 장미를 들고/ 소년의 갓 마련된 무덤으로 가네"(SW I. 77)라고 노래하며 덧없이 지나가는 인간존재의 한계성을 보여준다. 아울러 『첫 시집Erste Gedichte』에 포함되어 출판된 시집 『라렌 신제 Larenopfer』(1895)(SW I. 7-69)에 수록된 시 「여름밤 Sommerabend」은 "숲은 연달아 기도소리를 높이고/ 개똥벌레는 영원한 불빛처럼/ 저기에 가만히 매달려 있네/ 그리고 작은 흰 장미가/ 불그스름 성스런 빛을 간직하고 있다"(SW I. 44)고 노래한다. "순수성에 대해 말하게 되면 장미를 일컫게 된다"(SW II. 252)는 그의 고백과 맞닿는다.

장미는 시인적 성장과정을 보여주는 감각적 지표. 1897년

---

1) 그 밖에도 아마릴리스Amaryllis, Nemorilla, 떡갈나무Eiche(Quercus), 라일락Holunder(Syringga vulgaris), 참제비고깔Rittersporn(Delphinium), 송악Immergruen, Camelie(Camellia), 서양산사나무Weissdorn(Crataegus), 노랑개불알꽃Frauenschuh(Cypripedium), 과꽃Aster(aster chinesis), 까마귀밥나무Schneeball, 자라란화Levkoie, 앵초Primel, 가시들장미Heckenrose, Epheu, Brennende Liebe, 칼세올라리아Pantoffelblume, 오랑캐꽃Veilchen, 양아욱속Pelargonium, 히아신스Hyazinthe, 수선화Narzisse, 서양메꽃Winde, 달리아Georgine, 미르테(도금향)Myrthe, Christusauge, 클로버Klee, 팬지Stiefmütterchen, Bandgras, 사과꽃Apfelblüte, 물망초Vergissmeinnicht, 시계초속Passionsblume 등 32개에 달하는 꽃들이 연작시의 주제로 이어지고 있다.

에 나온 시집 『강림절』에서는 "너무나 낯설고 창백한 네 모습/ 간혹 가다 가끔씩 너의 두 뺨에는/ 사라진 장미왕국을 그리는/ 속절없는 향수가 피어오른다"고 하여 모든 기다림과 향수의 원점이 되고 있음을 알린다. 그것은 "깊고 맑은 네 눈동자/ 모든 의무와 수고를 떨쳐버리고 그리는 것은/ 한낱 조용히 꽃 피우는 것만이/ 애써야 할 과업이 되는 그 나라"(SW I, 124)가 아닐 수 없다.

'유겐트슈틸'(청춘양식)의 몽환적 세계도 장미가 우선하는 표현영역이다. "죽은 것이나 다름없는 모습이긴 하지만, / 내 머리 속에는 그러나 거친 고통이 굽이치고 있었네 / 언덕 너머에서 어느 바람기 아가씨가/ 그 마지막, 창백한 장미를 앗아갔기 때문이라…"(『꿈의 관을 씌우고』의 「꿈 XXV」(SW. I. 86)에서 장미는 상실, 절망, 그리고 잿빛 하늘 아래의 고통과 애절함으로 또 다른 표현영역을 펼친다. 여류화가 파울라 베커에게 향한 연정을 가슴으로 키우면서 예술로 승화시킨 그에게 장미는 "예술수호자Kunstwart"이자 삶에 대한 고백 그 자체였다.

청년기의 첫 소설 『무덤 파는 사람Der Totengräber』(1901)에 나오는 "죽은 이의 눈에 장미를 얹으면 영혼이 육체를 떠나 꽃으로 옮겨 간다"[2]는 구절은 장미와 영혼의 깊은 교류를 보여준다. 한 남자가 죽어가는 자기 아내의 눈 위에 두 개의 거친 늦장미봉오리를 놓았더니 죽음 속에서 놀랍게도 피어올랐다는 사실을 통하여, 인간의 삶이 장미 속으로 흘러들어가, 영혼을 대변하는 영적인 식물로 변한다. 인간 존재의 의미와 예술의 신비를 밝혀주는 꽃이다.

"겹겹이 옷을 걸친 호사스런 네 모습/ 몸 주위에는 찬란한 빛 외엔 없어라/ 하지만 네 이파리 하나하나가 모든 옷을/ 피하는 것, 거부하는 것이라 소네트에서 일컫지 않는가" (SW I. 754)라는 시 구절에서처럼, 장미의 꽃 이파리는 부분이 아니라, 전체와의 관계 속에 존재한다. 속이 가득 찬 장미, 그 안의 고요한 그림자와 하늘하늘한 불빛처럼, 마치 뒤로 기댄 작은 이파리들이 어깨 관절과 가슴 위에서 그러하듯이, 이파리 하나하나가 그렇게 존재한다.

장미는 『신시집』 이후부터 문학적으로 더욱 승화된 모습을 띠기 시작한다. 「초기 아폴로Der frühe Apollo」, 「가젤 영양 Gazelle」 등에서는 시어들이 마치 장미의 꽃 이파리가 펼쳐

---

2) Vgl. "Und der Mann, der es nicht ertragen konnte, daß Augen, die nicht sahen, offen standen, holte aus dem Garten zwei späte harte Rosenknospen und legte sie auf die Lider, als Last. Nun blieben die Augen zu und er saß und sah lange in das tote Gesicht. Und je länger er es ansah, desto deutlicher empfand er, dafl noch leise Wellen von Leben an den Rand ihrer Züge heranspülten und sich langsam wieder zurückzogen,"(SW IV. 696)

지듯 하나씩 속내를 들어 내놓는다. 그 중에서도 「장미꽃단지Die Rosenschale」, 「장미의 내면Das Roseninnere」, 「페르시아 헬리오트롭Persische Heliotrop」 등은 릴케가 그 어느 때보다 장미를 진지한 탐구의 대상으로 삼고 있음을 확연히 보여준다. 릴케의 어느 일기장에서 "나는 최근 깊은 애정을 쏟으며 해나갈 수 있는 새로운 일을 발견하였는데, 그것은 장미 한 송이를 감은 눈 위에 가볍게 올려놓는 일이었다. 꽃잎의 서늘함이 더 감촉 되지 않을 때까지, 그리고 오직 그 부드러움이 마치 해뜨기 전의 수면처럼 아직 영상 위에서 고요히 잠자고 있을 때까지 기다리곤 했다"고 이때 경험을 기록하고 있다. 그러므로 '장미꽃단지'는 현존하는 객관적 사물이기 이전에, 시인의 관심과 감정을 담는 그릇이다.

그의 후기문학기는 장미에 대한 우상화 내지 신앙의 경지에서 부각된다. 1923년 이른 봄, 릴케는 만년의 대작 『두이노의 비가』와 『오르페우스에게 바치는 소네트』를 끝맺게 되는데, 여기서 그는 세상을 전일체로 체험하며 복된 존재상황을 누리는 동물들의 원초적 상황에 비해, 분리된 세계 속에 살면서 존재의 한계성에 시달리고 마는 인간의 운명을 안타까이 노래한다. 그러한 존재적 고통을 그는 장미의 이미지로 극복하고자 한 것이다.

1924년 2월 중순, 그는 "수꽃술을 건너다니며/ 네 내적인 장미를 가득 채우라"(SW II. 485)는 노래로 시작하여, 내면 세계의 확장을 통해 자아와 세계, 내면과 외면, 인간과 자연을 하나로 묶고자 한다. "파라독스한 정점과 극치die paradoxe Kulmination und Klimax"[3]로 설명되는 정(正)과 반(反)의 대립과 분열이 현실화의 극단적인 지점에 서 있다가 모든 모순들을 극복하고 병존하게 된다. 장미는 곧 '순수한 모순'으로 집약되는 변증법적인 관계상황으로 모두 간직한 현장이다. 그것은 향기처럼 어떤 한계와 제한도 모르며, 시간과 공간까지도 초월한다. 더욱이 '별', '샘물', '집' 등과 더불어 인간세계의 원초적인 구성물이면서도 "이름 지어 부를 수 없는" 존재로 나타난다.[4]

릴케는 만년에 이르면서 주로 외국어로 작품을 썼다. 러시아어, 이탈리아어, 덴마크어, 프랑스어 등 유럽의 다른 언어들에 몰두했다. 모국어인 독일어가 안고 있는 표현의 한계에 괴로워하던 그는 거기에서 예술적인 상승의 기회를 찾았다. 특히 프랑스어에 대한 그의 열정은 언어에 대한

---

3) R. Breuniger, S. 260

4) Vgl. "Wie, für die Jungfrau, dem, der vor ihr kniet, die Namen/ zustürzen unerhört: Stern, Quelle, Rose, Haus,/ und wie er immer weiss, je mehr der Namen kamen,/ es reicht kein Name je für ihr Bedeuten aus -"(SW II. 477)

일시적인 흥미를 넘어서서 문화의 심층에까지 이르는 전폭적인 것이었다.

그가 프랑스와 인연을 맺은 것은 1903년 파리의 로댕 집에 묵으면서부터였다. 1906년 그의 비서로 일하면서 더욱 프랑스 정신에 빠지게 된다. 그 후 스위스로 가서 자신의 삶과 문학을 정리하는 단계에서도 그를 줄곧 지배한 것은 역시 프랑스어 문화풍토였다. 폴 세잔의 예술을 접하고서 자신의 일기 속에 "여태껏 빨간 장미가 비 떨어진/ 그 저녁처럼 그토록 새빨간 적은 없었네/ (···) 빨간 장미가 그렇게 새빨간 적은 없었네."라고 기록할 정도로 장미는 뛰어난 색채감으로 모든 신비로운 감각의 화신이었다.

1922년부터 쓰기 시작한 프랑스어 시들은 약 400여 편에 달한다. 그가 세상을 떠나기까지 매년 100편씩 쓴 셈이며, 대부분의 시인들이 평생을 두고 자기 모국어로 쓸 수 있는 수 이상이라 할 수 있지 않겠는가. 그가 시집 『해변의 묘지』를 번역하면서 프랑스 시문학에 심취하게 된 것은 1921년 폴 발레리의 작품을 읽고 감명을 받은 이후였고, 3년 뒤에는 발레리가 릴케를 발몽 요양소로 찾아올 정도로 두 사람의 관계는 가까워졌다. 릴케가 구사하는 프랑스어 음색에 담긴 "놀라울 정도의 미묘함"을 발견한 발레리. 그에게서 "질적으로 다른, 섬세하고 정교한 새 기쁨"을 확인한 지드. 프랑스문단의 두 거장이 인정하는 프랑스시적 에스프리는 곧 작품으로 빛을 발한다.

1927년 4월, 시인이 죽은 지 서너 달이 지나 『장미들Les Roses』(SW II. 575-591)이 출판된다. 『창문』, 『과수원』과 함께 묶은 프랑스어 시집이 세상의 빛을 보게 된 것이다. 특히 장미 연작시의 생성과정은 『전집Sämtliche Werke』(II권, 933-934쪽)에 상세히 설명되고 있다. 모든 시들이 1924년 9월 중순 이전에 쓰였고, "너는 스스로를 본보기라고 내세우는 건 아닌지?"로 시작되는 19번째 시만이 9월 중순에 나왔으며, 마찬가지로 "둥근 장미여, 너를 완성하기 위해/ 네 줄기 위에서 빙빙 돌고 있는 모두가/ 너를 어지럽게 하지는 않는가?"로 실마리를 풀고 있는 21번째는 9월말, "다시금, 죽은 자들의 땅에서/ 솟아 나온 그대 장미여"로 시작되는 22번 째 시는 1924년 10월, 더욱이 뮈좃에서 마찬가지로 서서히 사라져가는 분위기를 느끼게 하는 시 서두 "너무나도 늦게 핀 장미여, 쓰라린 수많은 밤들이/ 강렬한 별빛으로 네가 피어나지 못하게 만들었지"를 종결점으로 23번째 시가 성립된다.

또한 뮈좃에서 쓰인 20과 22번째 시를 제외하고 나머지 것들은 발몽 요양소에서, 죽음과의 치열한 싸움 속에서 집필한 것이다. 1926년 네덜란드에서는 부드러운 양피지에 인쇄된 호화장정 출판본의 제한된 소책자가 일련번호를 매긴 채 발행된다. 아마 이제는 어느 장서가가 한두 권쯤 보존하고 있기 전에는 거의 모두 사라져버린 것으로 생각된다.
인젤 출판사가 책을 정식으로 출판하면서 작품이 더욱 주목을 받게 된다. 책의 네덜란드 출판본 서문에서 발레리는 "뮈좃에서 가공할만한 고독이 그를 놀라게 했으리라"고 예단하고, 릴케가 추구하던 "끝없는 독백", "고립", "무", "침묵"을 장미의 이미지에 실어 담는다. 고독이야말로 『장미』시의 배경임을 명백히 해준다.
릴케는 장미를 원초현상으로 관찰한다. 이 점은 1926년 8월 27일에 끝낸 묘비명과 거의 같은 정서를 담고 있는데, 출판자인 슈톨스 A. Stols는 네덜란드 판 서문에서 릴케가 죽기 바로 몇 주 전에 이 원고를 보내면서 세심한 문헌적 판본을 원할 정도로 작품에 대한 큰 애착심을 보여주었다고 밝히고 있다. 시집의 24번째, 마지막 시는 가장 핵심적인 것으로 인정되고 있는데, 릴케는 운명의 성쇠를 담고 있는 장미 언저리에 이러한 노래의 날개를 달아준다.

> 장미여, 너는 문 바깥에
> 남겨져 있어야 했나, 귀여운 그대여?
> 우리에게 운명이 저절로 고갈되는
> 여기서 장미가 하고 있는 건 무엇인가?(SW II. 584)

그에게 있어서 문학의 고향이 된 뮈좃 성의 뜰 안. 사방의

울타리로 에워싸인 그곳은 '정원' 이라는 이미지로 집약되고, 다시 축소되어 장미로 신격화된다. 거기에는 남모를 그리움과 비애가 깃들고, 그 언저리에는 어두움이 스민다.

> 시간의 벗, 아무도 그 안에 머물 수 없고,
> 모두가 거부당해 쓰라린 가슴이 되었다
> 위로자인 장미여, 네 존재는 바람 속을 떠돌며
> 그런 사랑의 무수한 어루만짐을 알리고 있다.(SW II. 578)

정원의 꿈은 장미 속에 영근다. 장미는 영원한 삶과 예술의 둥지이다. 장미의 노래는 우아한 전원시로 거듭난다. 단순한 목가형태로서가 아니라, 세밀하게 다듬어진 또 하나의 자연을 창조한다. 릴케가 줄곧 관심을 기울여 온 범신(凡神)주의 세계관이 이룩한 결과이다.
거의 같은 시기에 발표되어 연결성이 짙은 시 「공동묘지 Cimetière」는 장미에다가 이런 서정의 옷을 입히고 있다.

> 어떻게, 꽃들이여, 너희들은 우리의 영향으로부터 벗어나려는가? 어떻게 하면 너희들은 우리의 꽃이 아닐 수가 있을까? 꽃 이파리들이 달린 장미는 우리와 사실 멀리 떨어져 있지 않는가? 장미는 다만 장미, 다른 무엇도 아닌 장미이길 원하는가? 그토록 많은 눈꺼풀 아래 그 누구의 것도 아닌 잠이고

삶은가?[5]

죽기 얼마 전, 엘리자베스 폰 슈미트-파울리에게 "내면을 향한 가쁜 발걸음만이 존재한다"고 고백했던 릴케. 그는 이 연작시를 통하여 중심상징인 장미를 자신의 가장 내적인 본질로 파악하고 있음도 밝힌다. 완전성을 구현하는 이상적인 표상으로 삼아 자신의 존재의식과 연결시킨다.[6] 그것은 장미의 원형이 자아내는 내외화합의 무지개가 아닐 수 없으며, "감동 없이는 읽을 수 없는 시"[7]로 분류되는 이유이기도 하다.

만년에 스위스 뮈좃 성에 머물면서 릴케는 "내가 매일 하는 일이란 완전한 고독 속에서 작은 뜰 안의 장미들에 열중하는 것뿐"이라고 고백한다. 삶의 알파이었던 장미는 어느새 오메가의 경지에 다다른다. '로자 에글란테리아',

---

5) "Comment échapper à notre emprise, fleurs? Comment ne pas être nos fleurs? Est-ce de tous ses pétales que la rose s'éoigne de nous? Veut-elle être rose-seule, rein-que-rose? Sommeil de personne sous tant de paupières? (SW II. 611)

6) Gottfried Boesch, Rose, oh reiner Widerspruch. Die Rose in der Dichtung von Rainer Maria Rilke. o. O. 1962, S. 60

7) Else Buddeberg, S. 488

'라 프랑스', '디종의 영광' 등 같은 품종의 장미들은 평생 사귀어 오던 세상의 벗들 이상으로 친근한 이름이 되었다. 특히 '맥아더 장군', '존 라잉 씨', '칼 드룩쉬키 부인', '나비', '테플리츠에 보내는 인사', '아헨에 보내는 인사', '울리히 브루너', '쥬세페 모타', '이끼장미', '천엽화장미' 등에 대한 그의 사랑은 각별했다.

그가 장미넝쿨을 손질하던 어느 날, 그는 가시에 찔려 화농성 감염을 앓게 되고, 곧 시인의 목숨을 거두어 간 급성 백혈병증상으로 번진다. 1925년 12월 20일 저녁부터 이듬해 5월 말까지 그는 발몽 요양소에 머문다. 6월 이후에는 시에르, 뮈좃, 라가츠, 로잔 등을 전전하다가, 11월말 다시 발몽으로 옮긴다. 그리고 1926년 12월 29일 그는 51세의 생을 마감한다. 며칠 후인 이듬해 1월 2일 발리스의 한적한 마을 라론에 안장된다.

장미로 인한 병고 속에서도 그가 받은 최대의 위안거리도 역시 장미였다. 그의 죽음을 애도하는 안젤로는 『오르페우스에게 바치는 소네트』와 주인공 베라에 대하여 언급하는 자리에서 "아네모네는 유한성을 반겨 맞는 꽃이다. 그러나 장미는 자기 부유함에 스스로를 잠기게 하는 여왕이다. 그녀는 우리들에게는 고대의 것으로서는, 더 이상 단순한 들장미가 아니다. 그녀의 몸은 무용수가 자기의 형체를 돌돌 감는 보이지 않는 회전축과 비교할 수 있는 밝은 진공상태이다. 릴케는 어느 날 자신이 자기 이후에 장미의 다양성에 이름 붙여주기를 원했다"라고 말한다. 그렇다. 그의 작품을 대하는 우리의 사명은 그가 펼져놓은 다양성에 올바른 이름을 붙여주는 일이 아닐까?

장미를 주제로 한 속담

"가시 없는 장미는 없다."

"사랑하는 사람의 눈에는 장미꽃의 가시도 안 보인다."(독일)

"젊어서 장미 위에 누우면 늙어서 가시밭에 눕게 된다."(미국)

"파에서 장미가 생기지 않는다."(영국)

"할 수 있을 때 장미 꽃봉오리를 모아라"(영국)

"당신에게 장미를 안겨주는 사람의 손에는 항상 약간의 향기가 남아 있다."(중국)

"오래 사는 소나무는 짧게 사는 장미나무의 영광을 따르지 못한다."(일본)

장미를 주제로 한 명언

"장미꽃 향기를 맡기 위해서는 가던 길을 멈추어야 하듯이, 인생을 즐기기 위해서도 멈춰서야 한다. 멈추는 것은 달리는 것 이상 중요하다."(디오도어 루빈)

"낙관주의자는 장미에서 가시가 아니라 꽃을 보고, 비관주의자는 꽃을 망각하고 가시만 쳐다본다."(칼릴 지브란)

"장미꽃은 가시 사이에서 피어난다."(탈무드)

"인간은 겁쟁이라서 변명만 한다. 나는 이렇게 생각하노라고 말할 용기 대신 성인과 현철의 말만을 인용한다. 풀잎이나 장미 꽃망울을 보아도 자신이 없다. 그런데 장미꽃은 자기들보다 우수한 장미나 옛날 장미를 참고로 삼지 않는다."(에머슨)

"가시에 찔리지 않고서는 장미꽃을 모을 수 없다."(필페이)

"시간이 있을 때 장미꽃을 따라. 시간은 그침 없이 흐르고 오늘 미소 짓는 꽃도 내일은 시든다."(헤릭)

"아름다운 장미꽃에 하필이면 가시가 돋친 것을 생각하면 속이 상한다. 하지만 아무짝에도 쓸모없는 가시에서 저토록 아름다운 장미꽃이 피어났을까 생각하면 오히려 감사하고 싶어진다."(법정, 『무소유』중에서)

장미에 대한 꽃말

붉은 장미는 정열, 질투, 정념, 관능, 유혹, 사랑 등 활동력 있는 감정을 나타낸다. 오늘날 연인들이 사랑을 표현하는 발렌타인데이에 유독 붉은 장미가 많이 팔리는 이유도 거기에 있으리라.

흰 장미는 화사하고 청초한 동시에 우아한 기품의 귀부인을 연상시킨다. 아울러 비밀과 순수성을 암시하기도 한다. 'Sub Rosa'(장미 아래에서)라는 말이 있다. 유럽에서는 장미 표식이 있는 공간 아래에서는 어떤 비밀이라도 지켜져야 한다는 묵시가 통용되고 있는데, 그 근원은 멀리 로마 신화에서 찾을 수 있다. 큐피트는 어느 날 어머니인 미의 여신 비너스가 아버지가 아닌 다른 남자와 사랑에 빠졌다는 이야기를 듣고 황급히 침묵의 신 헤포크라테스를 찾아간다. 세상 사람들에게 비밀이 지켜지도록 부탁하기 위함이다. 뜻이 이루어지자 그는 감사의 표시로 장미꽃을 선사한다. 그 이후로 말조심하라는 표시로 천장에 장미를 새겨넣기 시작했다고 한다.

황색장미는 성실한 사랑의 표현이다. 일찍이 스웨덴 왕이 신부 실비아 공주에게 4년 동안 매일 한 결 같이 노란 장미 한 다발씩을 보냈다는 일화가 전해진다. 그만큼 노란

빛의 장미는 사랑의 기쁨과 즐거움, 또한 그것이 지나쳐 질투와 배신의 뜻까지도 담고 있있다.
분홍장미는 아름다운 분홍드레스에 투명한 유리 구두를 신은 신데렐라의 모습을 머리에 떠올리게 한다. 어여쁜 소녀의 수줍음과 호기심, 우아함과 온건함을 나타내는 이 꽃 중에서 비교적 짙은 색은 감사의 마음, 옅은 색은 감탄과 동정심을 표현한다. 탈무드에 의하면 예루살렘에서는 옛날부터 천국을 상징한다는 핑크색 장미만을 기를 수 있도록 했다고 한다.

장미는 색깔마다 풍기는 멋이 다르며

다양한 꽃말을 지닌다.

- 빨간 장미 – 사랑

  빨간 장미 봉오리 – 깨끗함과 사랑스러움

  진 붉은 장미 – 부끄러움
- 흰 장미 – 존경, 상대와의 어울림

  흰 장미 봉오리 – 소녀시대, 젊음, 순결

  시들은 백장미 – 허무한 생각
- 분홍 섞인 백장미 – 조화
- 노란 장미 – 사랑의 시새움(질투)

  – 절교, 이별

  – 완벽한 성취
- 들장미 – 높은 가치, 음탕한 사랑, 들장미 봉오리

  – 사랑의 고백
- 담홍색 장미 – 빛나는 살결
- 장미 잎사귀 – 믿음, 장미 꽃다발

  – 덕행의 보답

릴케의 장미에 대한 연구서적

1. Gottfried Boesch, Rose, oh reiner Widerspruch. Die Rose in der Dichtung von Rainer Maria Rilke. o. O. 1962
2. Renate Breuniger, Wirklichkeit in der Dichtung Rilkes. Frankfurt am Main, Bern, New York, Paris 1991
3. Adriana Cid, Mythos und Religiosität im Spätwerk Rilkes. Frankfurt, Berlin, Bern, New York, Paris, Wien 1992
4. Wolfgang Müller, R. M. Rs, "Neue Gedichte". Vielfältigkeit eines Gedichttypus. Meisenheim am Glan 1971
5. Donald A. Prater, Ein klingendes Glas. Das Leben Rainer Maria Rilkes. Aus dem Englischen von Fred Wagner,
6. Elisabeth von Schmidt-Pauli, Rainer Maria Rilke. Ein Gedenkbuch. 2. Aufl. Lorsch 1946
7. Franz Stegmeyer, 『Die Rosenlider Rilkes』
8. Fritz Usinger, Rilkes Grabinschrift. In: Festschrift des

Bücherwurms. Zu Beginn seines 25. Jahrgangs dem Herausgeber gewidmet. Markkleeberg, Leipzig 1939

9. Werner Wolf, 『Die Rose bei Rilke』

10. Joachim Wolff, Rilkes Grabschrift. Manuskript-und Druckgeschichte, Forschungsbericht, Analysen und Interpretation. Heidelberg 1983

고흐의 장미그림

빈센트 반 고흐. 유명한 『해바라기』 연작 후에 화려한 붓꽃과 장미다발 시리즈를 그렸다. 초록색 배경 위로 장미꽃 무리가 있고, 거친 붓 터치위에 섬세한 향기를 풍기는 장미의 맑은 눈망울이 보인다. 색의 조화가 참 아름답다. 이 그림들과 더불어 프로방스 시절의 막을 내린 그는 파리에 도착한 여름에 거의 30점의 꽃 그림을 그렸다. 꽃들이 피었다가 덧없이 지는 모습, 햇볕을 받으면 빛깔이 더욱 강렬해지는 꽃들…

헬리오가발루스의 장미

19세기 영국의 빅토리아 시대에 큰 활약을 한 화가 알마타테스의 『헬리오가발루스의 장미』. AD 218년 로마황제로 등극하여 무한권력과 영화에 도취된 헬리오가발루스는 궁궐을 동양식으로 꾸미고 온통 장미로 장식하며 방탕하기 이를 데 없는 삶을 살았지, 공허의 그림자는 결코 지울 수가 없었다. 장미는 누릴 수 있는 자에게만 사랑의 향기를 전해준다는 교훈을 전하려는가. 꽃잎 속에도 희화적인 표정들이 느껴진다.

해설

장미에게

1898년 1월 1일 베를린의 빌머스도르프Wilmersdorf에서 쓴 시. 릴케의 초기 문학기의 애틋한 정서가 물신 풍긴다. 그리움과 꿈의 정감이 새해의 희망과 더불어 표현된다. 장미와 여인의 조합도 이상적이라 하지 않을 수 없다. 여인을 말없는 황홀감에 빠뜨리는 것도 장미가 아니던가. 장미는 외형적인 낯을 가리지 않는다. 낯설음이란 새로운 영혼의 세계로 보고 더욱 반긴다. 물질적인 현재만이 아니라 새로운 차원의 세계에 대한 적응 또한 중요하다. 찾는 일과 발견하는 일, 욕구와 성취의 상관관계는 존재영역의 대립이지만 그의 세계에서는 통합의 출발점이 된다. 그러므로 '상실' 이란 것이 생의 존재를 단순히 끝내버리는 동인이 되지 않는다. 장미는 삶이 영원하다는 그런 확신을 우리에게 안겨준다.

저 먼 외딴 길목에서

1897년 5월 30일 뮌헨에서 쓰였다. 루 안드레아스 살로메를 염두에 둔 연정의 시인 만큼 비밀리에 간직되어 있다가 1952년에 출간된 두 사람 간의 서신교환 책자에 수록되었다. 뮌헨의 '영국정원' 을 배경으로 삼고 있으며, 여기에 나오는 "Reis"(2행)는 어리고 풋풋한 나뭇가지를 뜻하는 시어로, 당시 여걸에 가까운 원숙한 여인 앞에 서 있는 영원히 작고 어린 모습의 자기자신을 뜻한다. 그의 사랑은 언제나 자신을 보호해 줄 수 있는 모성적인 품을 향해 있다. 그것이 장미의 이미지로 압축되어 있다.

루 안드레아스 살로메를 위하여. 성령강림절 인사

1897년 6월 6일 뮌헨에서 쓴 시. 같은 날짜의 루 안드레아스 살로메에게 보내는 편지에 수록되었다. 살포시 피어나는 장미와 그 향기. 그것을 키워주는 봄. 아련한 추억들을 몰고 와 축제의 기쁨을 전하는 종소리. 이런 것들이 그에게 있어서 나날의 삶을 기름지게 하는 신호가 된다. 그렇기에 그에 보내는 사랑의 인사는 특별하다. 여러 곳을 한 없이 떠돌고 말아야 했던 부평초와 같은 자신의 삶에 참다운 의미의 고향을 안겨다 준 장미 속의 그 여인. 그녀는 대문자로 표현된 지시대명사 "Die", 바로 루 안드레아스 살로메이다.

행복을 향해 걷다가

1897년 5월 31일 뮌헨에서 쓴 시. "아무리 자그마한 장미 속에서라도 위대한 봄을 볼 수 있으리라"는 발언 속에서 우주 전체를 포용하고 있는 릴케의 장미 이미지를 느낄 수 있다. 장미 이상으로 로맨틱한 존재가 있을까 하는 질문을 던지게 한다. 장미는 순수한 고유존재로서 고귀함도 보여준다. 자아와 비 자아를 하나가 되게 한다. 순수한 모순으로서 소리 없는 삶을 신현하기 위하여 전 자연과 운명을 내면에 간직한다. 더 나아가 전체를 하나의 내면으로 변화시킨다.

한 송이의 장미처럼

1924년 5월 22일 키펜베르크의 생일에 안톤 키펜베르크와의 우정에 바치는 작은 연작시 시리즈이다. 『1906년부터 1926년까지의 시』(완성된 시)에 수록되었다. 꽃의 현존과 이상세계가 구분되어 대조적으로 인식된다. 장미와 가시. 질병과 예감. 아 그것은 릴케 자신의 삶을 말하지 않는가. 마지막 절에 운명을 말함으로써… 시는 내용뿐만 아니라, 음조와 가락, 시적 기능과 가치 면에서 자주 논의 대상이 된다.

도착

1926년 6월초, 릴케가 생애 마지막으로 다시 뮈좃으로 되돌아와 쓴 시이다. 장미 속의 시계는 인류가 시작되기 이전의 저 아득한 원초세계를 가리킨다. 그것은 내면지향을 통해 존재가치가 발견되는 것이며, 그 공간은 장미로 정리된다. 장미는 잠자리. 모든 새로운 창조가 이루어질 태동의 장소이다. 그곳에는 출발과 종결의 구분을 초월한 '잠'이 있다. 그 속에서 만물이 더욱 성장할 수 있는… 릴케는 그것이 "눈 속에서"이루어진다는 감각적 현상을 제시한다. 잠과 눈꺼풀로 연결되는 릴케의 묘비명 주제와 일치한다. 이처럼 장미는 릴케 문학의 영원한 순환지점이다. 비록 그의 삶은 시들어가지만 뜰에 있는 장미를 손질하면서 영원한 생명력을 노래한 그가 아니던가. 미국의 초대대통령 죠지 워싱턴도 정치적 명예 이전에 미 대륙에 장미를 처음 키우며 손질한 사람으로 알려지고 있는 것, 그 자체를 더 할 수 없는 자랑으로 여기고 있었다.

마리 테레제 투른 운트 탁시스 공주를 위하여

마리 테레제 폰 투른 운트 탁시스 후작부인이 자기의 손녀딸 마리들Maridle 공주(1911년생)의 책 속에 릴케의 시를 적어 주었고, 여기에 릴케는 "뮈좃 성을 방문한 그녀를 위해 1923년 성령강림절에"라는 헌사를 썼다. 정확히 5월 20일이다. 1918년 5월 시에르에 2주간 머무는 동안 마리 도브르젠스키 Mary Dobrôzensky 부인이 방문하여 함께 부근의 작은 성으로 구경 간다. 성주의 부인 세피부스Jeanne de Sépibus가 두루 안내를 해주었다. 이들과의 교제에서도 장미가 중심적인 역할을 하면서 무엇보다도 순수함의 표본으로 제시되고, 그런 이미지를 전달하는데 가장 적절한 표현어임을 알려준다.

마르테 헤네베르트에게

1911년 6월 26일 또는 27일 사이에 파리에서 쓴 시. 시인은 어느 날 이 도시의 길목에서 마르테 헤네베르트라는 18세의 소녀를 만났다. 가정이 아주 가난한데다가 일자리마저 구하지 못한 그녀는 굶주림으로 기력이 쇠진해 있었다. 인정 많은 릴케는 무표정한 얼굴로 서 있는 소녀를 바라보며 연민의 정을 갖지 않을 수 없었다. 그는 조각가 요한 예니헨Johann Jänichen의 부인 시디 나데르니Sidie Nádherný 등 후원자를 찾아주는 일에 앞장선다. 일이 뜻대로 이루어지지는 않았지만 릴케의 따뜻한 마음을 엿볼 수 있다. 그가 갖고 있는 참된 위로의 방법은 소녀에게 「내 곁에 생겨난 영혼…」이란 시를 지어 준 것으로 절정을 이룬다. 그녀를 미지의 천국 문으로 이끌고 갈 천사, 그의 마음속에 잠들고 있던 영혼의 불꽃을 그는 장미로 표현한다.

내적인 장미를 가득 채우라

1924년 2월 15일 뮈좃 성에서 쓴 시. 전체가 완성되지 않은 채 남겨진 작품이다. 그러나 단 두 행 속에 릴케가 생각하고 있는 장미이미지가 다 들어 있다. 그에게 있어서 확고한 보호와 안정성의 상징임을 천명하고 있는 꽃은 만년의 작품들에서 내면세계의 확장을 노래하는 터전이 된다. 대립과 모순을 지양하는 장미의 순수한 영역은 시인과 자연 사이의 통로가 될 고유한 세계이며, 그 대표적인 개념이 내면이다. 이를 바탕으로 장미는 역사적으로도 영속적인 힘을 지니고 있다는 사실을 새로이 부각시킨다.

너의 모습

1891/4년 린츠 또는 프라하에서 쓴 시. 마음과 형상. 그 합일은 시인 릴케가 평생토록 애타게 찾던 삶의 목표가 아닌가. 그것이 장미 이미지와 연결되어 시적 에스프리를 발견한다. 시인의 눈길은 "자신의 모습"이 거하는 "샘물"과 "장미"에 집중되어 있다. 짤막한 시행들 속에 서려 있는 자아탐구의 의지. 여기에 나오는 나르시시즘 현상은 자기에 대한 단순한 도취가 아니라, 자신의 실상을 발견하려는 끝없는 노력의 산물이다.

묘지에서의 생각

1893년 가을 프라하에서 쓴 시. 장미는 "가련한" 존재로 인식되어 인간심성의 본질인 애틋한 사랑의 아픔을 대변한다. 하지만 지구의 중심과 맞닿는 힘의 원천, 우주의 본질로서 위대한 힘에 대한 경탄이 내면에 깔려 있다. 그리하여 작은 꽃이 죽음 속 한 가운데서 새로운 삶을 키우는 존재의 힘을 보여준다. 릴케는 어두움의 길목에서 장미가 꿈과 희망의 사도로서 역시 무한대의 능력을 꿈꿀 수 있게 하고 있다는 강한 믿음을 갖고 있다.

나비와 장미

1894년 프라하에서 쓴 시. 19살 문학청년의 감성이 가득 담겨 있다. 그에게 있어서 정서의 핵은 장미이다. 장미와 나비. 환상의 세계 속에서 이루어지는 현실로 사랑과 미혹, 존재와 죽음의 쌍곡선이다. 괴테의 시 「들장미」를 연상시킨다. 하이그로트와 같은 학자는 바로 그 시를 변환시킨 것으로까지 보고 있다. 시의 소재는 우악스런 공격적인 힘과 온유하면서도 앙칼진 방어의 힘이 사랑을 매체로 하여 대립되고 있다. 그러나 화합과 승화를 전제로 하고 있다. 장미의 연약함이 그 어느 힘과 비교해도 결코 무력하지 않다는 메시지가 굳게 자리하고 있다.

여름밤

시집 『라렌 신제Larenopfer』(1895) 중에 실린 「여름밤」이란 시이다. 1895년 늦가을 프라하에서 썼다. 성스러움과 연관된 장미의 이미지가 강조된다. 전반적으로 장미를 인간존재와 우주현상 같은 것과 연결시키고 있는데 비해, 창작의 초기단계에서는 주로 생활 주변의 소박한 문제들 속에서 관찰하고 있다. 『초기시집Die frühen Gedichte』, 특히 북부독일의 예술가 마을 보릅스베데에서 쓴 어느 일기에는 "아침에… 나는 그 소녀들에게 수많은 빨간 장미를 가지고 갔다. 우리는 저마다 내 장미들 중의 하나를 가졌고, 우리 중의 어느 누가 깊은 사념에 잠겨 넋을 잃고 있을 때는 장미를 보고서 우리는 서로를 다시 알아 볼 수 있었다"라고 적을 정도로 릴케는 장미를 언제나 가까이 두고 지냈다. 『라렌 신제』는 『꿈의 관을 씌우고』와 『강림절』과 더불어 1913년 시 전집 『첫 시집Erste Gedichte』에 묶여 출간되었다.

꿈 V

1894년 5월 1일 프라하에서 쓴 시. 『꿈에 관을 씌우고Traumgekrönt』(1896)에 실린 제 1 연작시 「꿈」의 5부 시이다. 『라렌 신제』와 『강림절』과 더불어 시 모음 『첫 시집』에 수록, 출판되었다. 꿈처럼 덧없이 지나가는 인간의 삶을 장미이미지에 담고 있다. 꽃잎에 붙은 이슬방울이 "여기"와 "저기", "오늘"과 "어제" 등 공간과 시간상의 차이를 드러낸다. 존재의 차이를 보여준다. 생명의 초입과정에 있는 "소년Knab"을 죽음의 장소인 "무덤Grab"과 운을 맞추고 있는 것도 그런 이유에서 일 것이다. 그것은 인간의 "눈물 Tren"과 자연의 "이슬Tau"이 평행적으로 인식되는 마지막 두 행에서도 감지할 수 있다. 장미는 그런 변화들을 느끼게 하는 현장이며, 스스로가 삶의 본질을 노래하는 꿈속의 꽃으로 나타난다.

꿈 XVIII

1896년 10월 10일 뮌헨에서 쓴 시. 21살의 청년 릴케가 뮌헨 대학에 재학하면서 문학과 예술에 심취하여 시인의 소양을 키워나가던 시절의 소산이다. 당시 그는 루 안드레아스 살로메를 처음 만나 에로틱한 이성에 대한 사랑과 자신을 포용해 줄 수 있다고 느껴지는 모성이 미묘하게 어우러진 '그리움' 속에서 감성적 자아확인을 통하여 작가적 안목을 넓힐 수 있었다. 가슴에서 머리로 옮겨가는 창작의 영역 속에는 행복, 그리움, 찾음, 방랑, 별, 꿈, 슬픔 등의 이미지가 중심을 이루고 있는데, 바로 이 시가 그런 요소를 토대로 하고 있다. 그리고 그런 정감의 총체적 이상으로서 붉은 색채감각이 강조되고, 핵심적인 형상으로 장미가 설정되어 있다. 붉은(빨간) 빛은 격렬함을 전제로 한 감각으로 에로티시즘을 자극하는 황금빛(블론드)과 대조적 색채감각을 자아낸다.

꿈 XXV

1896년 4월 4일 프라하에서 쓴 시. 시집 『꿈의 관을 씌우고』에 수록된 시. 장미는 기다림과 향수의 출발점이요, 활짝 가슴에 펼쳐지는 꿈의 상징이다. 어떤 한계에 갇히지 않고, 깊은 상념을 스스로 간직하고 있는 꽃을 통하여 시인은 '유겐트슈틸'(청춘양식)의 몽환적 세계로 연결시킨다. 상실의 아픔, 절망, 그리고 잿빛 하늘 아래 고통과 애절함이 묻어난다. 세상에서 소외된 자의 안타까움을 노래 부르는 장미. 그것은 릴케 자신의 삶 속 체험을 통하여 확인할 수 있다.

사랑 XX

1896년 4월초 프라하에서 쓴 시. 『꿈에 관을 씌우고』 중 하나로 수록되었다. 자연과 인간의 훈훈한 대화가 인상적이다. 의인화 기법을 통해 장미는 서정적 자아에 대응하는 여인으로 등장하여 전개되는 상황을 모두가 친밀하게 맞이하며, 서로의 소통에 참여하게 한다. 아니, 자연이 인간의 이웃이거나, 인간 자체가 풀과 나무처럼 자연의 일부이기 때문에 한 세계에 살고 있음을 보여준다. 릴케는 그런 사상표현의 중심에 장미를 내세우고 있다. 장미는 박애사상의 원천이다.

모든 장미들을 향하여 손짓하네

1897년 3월 8일 뮌헨에서 쓴 시. 후에 『첫 시집Erste Gedichte』에 수록되었다. 원래 프라하의 의사이자 작가인 후고 살루스Hugo Salus(1866–1929)에게 헌정된 시이다. 장미의 성스러운 이미지를 전달하는데 모든 것을 건 듯한 치열함이 돋보인다. 일직이 영국 시인 토마스 무어는 "천상을 거니는 신이라 할지라도/ 네 향내 나는 한숨에 도취되었노라"고 노래 부르지 않았던가. 전반부의 "교회"에 버금가는 것으로 후반부의 "장미"가 설정되었다.

꽃밭의 장미들은 모두 떨고 있네

1897년 7월 21일 상부바이에른 지방에 있는 볼프라츠하우젠에서 쓴 시. 원래 벨기에의 시인 모리스 마아테를링크Maurice Maeterlinck(1862–1949)에게 헌정된 시였다. 릴케는 그의 상징주의적 서정시와 드라마 기법을 통하여 큰 영향을 받았으며, 그에 관하여 수많은 평론을 쓰기도 하였다. 따라서 이 시가 마아테를링크의 『펠레아스와 멜리상드Pelléas et Mélisande』(1892) 같은 드라마작품과 유사점이 큰 것으로 판단하고 있는데, 특히 대화체의 문장구조는 그 근거 중의 하나이며, 릴케가 쓴 평론 「펠레아스와 멜리상드」도 큰 참고가 될 것이다.

강림절. 발견

1897년 2월 5일 뮌헨에서 쓴 것으로 시집 『강림절』(1897) 중 연작시편 「발견Funde」에 수록된 시. 릴케는 여기에서 장미를 기다림의 이상, 즉 향수의 원점으로 노래 부른다. "장미왕국"은 곧 릴케가 추구하는 심미적 꿈의 세계이다. 아무 것도 해침이 없는 순순한 어린 시절이다. 장미는 더 이상 현존하는 객관적 사물이 아니라 시인의 관심과 감정을 담는 하나의 그릇이다. 그리하여 사랑의 애틋함을 노래하는 시인의 심상을 위해서는 없어서는 안 될 중요한 찬미의 대상이다.

이마 위에서 장미가 죽어가는 걸

1896년 10월 21일 뮌헨에서 쓴 시. 『강림절』의 연작시 「발견」에 수록되어 있다. 원본을 한 차례 대폭 수정하였다. 릴케의 장미 시 중에서 가장 어두운 것으로, 죽음, 밤, 달, 가시, 죽음, 썩음, 창백함, 슬픔 등 부정적 요인들이 시의 바탕으로 이루고 있다. 그러나 이것들이 삶의 한계성과 행복상실이라는 표피적 현상에 머물지 않고, 릴케의 총체적 인생관과 연결시킨다면 영원한 생명체의 진리를 강조하는 장미의 이미지와 만난다. 그러므로 슬픔이 아니라 슬픔을 스스로 위로할 수 있는 힘의 원천인 장미가 피어남을 알게 된다.

장미들은 모두 바람결에

1898년 4월 30일 이탈리아 피렌체에서 씀. 『초기시Die Frühren Gedichte』에 수록되었다. 장미는 아름다운 꽃, 소녀의 머리, 모자, 코르셋 등에 꽂힌 장식의 수단 등, 삶의 멋을 알려주는 기능이자, 축제의 화려함과 기쁨을 알려주는 모습이다. 이를 통하여 장미는 유럽문화의 인습적인 범위에 까지 상징적 요소로 확장되고 있음을 알려준다. 그러나 릴케는 장미에게 주어질 지나친 관심을 경계하고 있다. 사람들이 높이 평가해준다는 외적 조건에서가 아니라, 아무도 모르는 조용한 존재를 깨닫고 즐기는 장미의 그런 덕을 중요시한다.

첫 장미들 눈을 뜰 때

1898년 5월 9일 피렌체에서 쓴 시. 『초기시Die Frühren Gedichte』의 연작시 「기도Gebet」 중의 한 부분으로서 원래의 제목 「프리마 베라Prima-vera」를 생략함과 동시에 구두점이나 서법 상 약간을 변형을 가하여 수록하였다. 갓 핀 장미들이 잠에서 깨어난다. 수줍고 꺼리는 모습이다. 보일 듯 말 듯 떠오르는 웃음. 향기도 어렴풋하다. 그래도 흐르는 시간 앞에서는 잽싸다. 설익어 부끄럽고 안정감이 없다. 장미는 비로소 새로운 세상을 경험하지만 그런 절제된 상태가 아름다움의 근본이라고 말한다. 그것이 뜻있는 인간의 삶이며 행복이라는 것을 가르친다. 장미의 존재가 갖는 큰 의미이다. 장미는 향기와 빛과 소리를 품어 안고 아름다움을 과시한다. 2행의 "향내"는 장미가 지니는 감각의 중심이다. 예로부터 "향기가 없는 장미는 반 푼어치 가치 밖에 없다"는 말이 있음에도 불구하고, 현대에 이르러서는 크기와 색깔, 그리고 자주 피어나는 꽃의 실용성에 비중을 두고 있는 것 같아 아쉽다. 향기는 세속적인 단순함이 아니라, 삶의 근원적인 심오함을 간직하고 있다는 점에서 더욱 의미가 깊다.

붉은 장미를 잡으려 하네

1898년 5월 5일 피렌체에서 쓴 시로 『초기시』의 연작시 「마리아에게 드리는 소녀의 기도Gebete der Mädchen zur Maria」에 수록되었다. '기도' 라는 의미에 집중된 시의 본성은 예술의 진정함과 성스러움을 동시에 확보하기 위한 그의 노력이다. 그것이 또한 장미로 압축된다. 장미와 세속, 아니 영혼의 세계까지 펼쳐지는 경건한 이미지가 눈앞에 나타난다. 신화의 세계에서도 많은 말들이 보태진다. 장미에 홀딱 반한 나이팅게일. 그곳으로 날아가 품에 안자 가시에 찔려 피를 흘리게 되었다. 가슴의 핏방울이 떨어진 그곳에 피어난 붉은 장미 꽃. 빛으로 표현되는 감각의 영역에 속하지만, 마리아의 신성이 담긴 핏빛 영혼이라는 본성을 강조하면서 더욱 숭고한 의미를 지닌다. 성탄절에 내리는 눈처럼 순백의 정결함이기도 하며, 냉철한 영혼의 힘 속에 소용돌이치는 감성이 새롭게 인식된다. 장미의 힘이다.

『기수 크리스토프 릴케의 사랑과 죽음의 노래』 중에서

장편서사시 『기수 크리스토프 릴케의 사랑과 죽음의 노래』의 일부분이다. 소년군사학교의 긴장된 시간들, 그것들을 이겨내지 못한 내재적 열등감이 어느 날 백일몽의 현상으로 표출되어 순식간에 완성한 작품이다. 용맹무쌍한 기수로 임명되어 전진 속에 산화하는 릴케의 소원과 꿈이 담겨 있다. 장미는 작품의 중심모티브로서 젊은 기수의 환희와 불타오르는 사랑과 죽음을 나타낸다. 프랑스에서 온 청년이 독일 친구에게 호신용으로 장미꽃 이파리 하나를 주면서 안전하기를 기원한다. 돌연 사령관이 나타나자 그를 기수로 임명한다. 기쁨과 자부심에 넘쳐 그는 자기 어머니에게 "제가 기수가 되었답니다"라고 자신의 당당한 모습을 어머니에게 알리는 편지와 함께 장미 꽃잎을 군복 깊은 곳에 간직한다. 작디작은 장미에 그는 입을 맞춘다. 가슴에 파묻고 거기서 시들어도 좋으리라고 여기는 장미는 과연 무엇인가. 삶과 죽음의 갈림길에서 수호신(부적)처럼 그를 지켜 주리라 믿는다.
작품 속에서 장미는 "빛깔 짙게 익어 부글대는 포도주와 수많은 장미에서 나와 시간은 갑작스레 밤의 꿈속으로 흘러든다"는 15장의 노래 끝부분에 이어, 아름다운 백작 부인과의 사랑에서, 소년의 모습이 떨어져 나가고, 한 여인을 대하는 남성의 모습으로 바뀌는 모티브로 쓰인다.(18장) 그것은 바로 자아를 향한 정신적 전환점으로서 "전투복이 성안에서 타 버렸네. 편지도, 이름 모를 여인이 건네 준 장미 이파리도 타 버렸다"(26장)는 구절과 연결된다.

장미들 중의 장미

1899년 9월 26일 베를린-슈마르겐도르프에서 쓴 시. 『시도집』 중 『수도사의 삶에서Vom mönchischen Leben』에 수록되었다. 『페렌체 일기』에 반복해서 이 주제를 다루어 온 릴케는 르네상스 시대가 계속되지 못하고 아직도 발전의 목마름 중에 있다는 사실을 강조한다. 이와 연관하여 계절의 모티브, 꽃과 열매, 생명수의 이미지를 내세워 기독교정신과 예수 그리스도 형상을 다루지만, 그 본질은 릴케 자신의 예술관과 직결된다. 신은 "사물 중의 사물 Ding der Dinge"(SW I. 265)이며, 한걸음 더 나아가 "장미 중의 장미"(16행)로 노래 불린다. 그것은 "그가 심각하게 위협을 가한다고 믿을 수 없습니다/ 나의 피는 붉은 장미 보다 더 깁니다Ich kann nicht glauben, dass er ernsthaft droht;/ich

lebe noch, ich habe Zeit zu bauen:/ mein Blut ist länger als die Rosen rot.(SW I. 275)라는 구절과 연결된다. 신은 또한 "가난의 위대한 장미der Armut grosse Rose"(SW I. 357)로 표현되면서, 장미가 곧 성스럽고 신비스런 모습의 본질을 형상화하고 있음을 확인한다.

순례의 길에 피어나는 장미

1901년 9월 20일 베스터베데에서 쓴 것으로 1905년 12월 『시도집』에 처음 수록, 발표되었다. 순례시 4편 중 첫 번째 것으로 이 소재가 전체 시집 2부의 제목이 되었다. 여기에 나오는 장미는 천년에 한번 씩 피어나는 신비롭고 고귀한 꽃으로서 신격화된 예술 자체로 기려진다. 아니, 그렇게 소중한 기회처럼 경건한 마음으로 신에게 다가서는 겸허한 인간상으로 노래한다. 장미의 이름으로…

수호천사

1899년 7월 24일 베를린 슈마르겐도르프에서 쓴 시로 1902년 7월에 『형상시집』에 수록, 출판되었다. 주름 잡힌 옷이나 커튼을 뜻하는 "Draperie"(18행)는 온갖 가치 있는 직물들을 예술적으로 배열한 것을 말하는데, 『신시집』의 시 「80년대 여인의 연인초상」(SW I. 623f.)의 "검은 공단의 주름dunkle Atlasdraperien"(2행)과 연결된다. 그뿐이랴. 장미기름 2파운드를 얻기 위해 꽃잎 두 톤이 필요하다. 향유 값이 비살 수밖에 없는 까닭이다. 한 걸음 더 나아가 문화적인 면에서, 특히 지식, 기적, 멜로디, 인간, 사건 등과 연관해서 장미의 존재가 언급된다. 천사의 눈길 속에서, 사물, 시간, 적막 속에서 소리를 들을 수 있는 시인은 장미의 숨결을 느낀다. 장미는 예술가적 감각의 원천이다.

장미꽃단지

『신시집Neue Gedichte』(1907)에 수록된 대표적인 장미 시이다. 릴케는 그나이제나우Gneisenau 백작부인에게서 장미를 받고 시상을 얻어 대체적인 내용을 1906년 12월 15일 카프리에서 보낸 편지에 담았다가, 1907년 신년에 카프리 섬에서 완성했다. 비교적 긴 시는 '5각약강격무운시'(五角弱强格無韻詩 Blankvers)이다. 시인은 장미를 찬양하는 이유를 내면과 외면 사이에 맴도는 현존재 속에서 발견하려고 하고 있으며, 그것을 메이슨은 "거기에 속하는 모든 것과 함께 바깥의 세계가 손바닥 안에 가득한 내면적 세계로 변천하기 때문"이라고 설명한다. 꽃을 통하여 내면과 외면의 연결이 시도된다. 식물의 성장은 그런 변화의 하나이며, 그 과정에서 장미의 이파리에 우주가

형성된다.(5연) 꽃 쟁반은 독자적인 자아와 그가 반영하는 외적인 세계를 내포하고 있다.(7연) 장미의 피어남은 이파리가 하나씩 펼쳐짐과 같다.(3-4연) 시는 색깔과 향기 같은 감각적 요소 대신에 이파리 모양의 시각적 인식에 관심을 집중시킨다. 눈에 들어오는 풍경 속에 스스로를 내면화시켜 꽃으로 하여금 새로운 '열림'을 체험하게 한다. 그런 장미에게는 인간의 눈꺼풀이 열리는 사실보다 그런 장막들을 눈앞에 끌어낸다는 사실에 더 큰 의미를 부여한다. 장미와 눈의 관계를 통하여 꽃잎들은 실제의 눈과 구분되어 두 개가 아니고, 연달아 존재하는 눈꺼풀과 같아서 그것이 열리는 동작과 더불어, 꽃잎들 속에 깃든 잠의 표상이 드러난다. 그리고 그 속에 있는 가장 내면적인 삶의 핵이 현존재가 된다.

'눈꺼풀처럼 열리는' 장미는 비와 바람, 봄의 인내, 죄와 불안감 등 외계의 것들을 '내적 시력', 즉 '내면'으로 바꾸는 역할을 한다. 모든 것을 정신세계 속에 받아들여 영원성을 부여한다. 여기서 장미는 외면을 공간적, 시간적으로 자체 속에 형상화한다. 그런 장미의 변용을 릴케는 꽃이 내뿜는 힘과 그것을 끝없이 받아들여 성장하는 모습으로 형상화한다. 또한 그것을 시의 속성으로 인식한다.

아름다움을 만드는 일은 희생과 단념을 전제로 한다. 장미는 예술가로서의 절도와 윤리, 고행과 같은 인고의 자세로 '내적 독백'을 표현하기 위한 구실이 된다. 그것은 꽃들이 "발걸음과 마음먹은 움직임을/ 단념했기 때문에 Weil sie verzichteten auf/Gang und gewillte Bewegung"(SW II. 257)라고 노래하는 시인의 의지와 연결된다.

도대체 세계를 변신시킬 수 있는 내면은 장미 속에 어떻게 설정될까? 장미의 내면이란 무엇인가? 내면과 외면 사이의 수수께끼 같은 관계에서 장미의 현존재는 바깥세상을 향해 활짝 열려 있다. 완전히 보호되지 않은 공간이다. 어떤 고정된 틀에 갇힌 것도 아니고, 배경만을 다스려 표현된 일종의 소묘와 같다. 특히 인간 누구에게나 다 해당될 어떤 법칙이 상징적으로 묘사된다. 또한 장미의 과제가 인간의 그것과 맞닿는다. 외부로부터 받아들여진 것을 시적 조형의 매개물로 눈에 보이지 않는 것, 즉 '내면적인 것'으로 바꾸려하는 의지가 담긴다.

장미의 내면

1907년 8월 2일 파리에서 쓴 시로 『신시집』에 수록되었다. 장미의 내면과 외면이 분리, 대립되어 전일의 세계로 바뀌어 가는 과정에 시적 관심이 집중된다. 시의 이미지는 외계와 경계를 이루는 "삼베L(innen)"로 연결되고, 거기에는 '안 Innen'의 의미가 포함되어 있다. 더 이상 아무 것도 존재하지 않는 제일 바깥 가장자리에 장미꽃이 피어서, 장미가 몸을 지탱하려 하지 않고, 스스로를 위험 속에 내맡기게 된다. 그러므로 삶에 요청되는 하나의 구원이 장미상징의 객관적 형식 속에 발견된다.

중요한 것은 장미가 내면을 가지고 있다기보다 전체가 하나의 내면으로 존재한다는 점이다. 꽃잎이 무한히 열려있는 상태, 다시 말해서 한 공간이 다른 공간과 구별될 표면을 더 이상 갖고 있지 않다. 그래서 내면과 외면의 관계는 공간적으로 파악될 수 없다. 장미의 내면은 장미 그 자체가 내면의 존재라고 인식될 때에만 의미가 있다. "이들 활짝 열린 장미의/ 안쪽 그 호수에는/ 어떤 하늘들이 비치고 있을까"(4-6행)라는 물음으로부터 "보라"의 문장론적 흐름을 통한 직접적인 묘사로 이전된다.

볼노브Bollnow에 의하면, 장미는 끊임없이 꽃잎을 열어야 하고, 내면에는 어떠한 표면도 갖추고 있지 않기 때문에 전체가 곧 내면이다. 그리하여 장미의 내면에 넓은 호수가 있고, 그것은 풍요함으로 넘쳐흘러서 충만해 가는 꿈의 방을 이룬다. 릴케는 자신이 사랑하는 장미꽃을 이러한 갈등에 대입시켜 보려한다. 쨍쨍한 여름날 장미가 꿈속의 방을 만든다. 모두가 도달하고자 하는 이상향의 모습이다.

릴케의 "열림Offenheit"은 후에 「제8두이노의 비가」를 거치면서 더욱 확고한 개념어로 자리 잡아 텅 비고, 순수한 공간을 규정한다. 거기에서는 삶과 죽음이 하나로 받아들여지고, 세상의 모든 것들과 더불어 '공(空)'이자 '완전한 무(無)'가 존재한다. 그것은 첫째 순수한 모순의 실현, 둘째 장미 자신이 자기 목적이 된다는 것, 즉 장미꽃이 피어나는 것은 바깥을 보려는 안이 열리는 것이라고 할 수 있다.

이 시에서처럼, 많은 꽃잎들이 저절로 넘쳐흘러 외부세계를 만나지 않는다면, 장미의 내면은 아무런 의미를 지니지 못할 것이다. 대립은 그 상응하는 것이 존재할 때에만 가치를 지닌다. 활짝 열린 상태는 "시름조차 없는" 영역, 즉 모든 것을 초월한 무념무상의 상태, 다시 말해서 모든 것을 비워낸 무가 아닌 공의 세계이다.

시는 내면으로부터 외면에 이어지는 나선형구조를 이룬다. 꽃이 피어나서 이파리가 떨어질 때까지의 모든 과정이다. 그 풍요로움이 이제 향기로 방안에 넘친다. 그것은 성서적인 전개과정으로서 인간의 영혼에 넘치는 신의 은총을 암시한다. 여름을 방안으로 받아들인다. 그것은 마치 내면이 외면 공간 속으로 흘러넘치는 것과 같다. 안과 밖은 공간적인 상응("내면공간"과 "방")이자 대등 가치를 이룬다. 장미는 외계의 사물들과 내적 차원으로서의 집합적-무의식적 죽음의 나라를 동시에 함축하고 있다.

기념비를 세우지 말라

1922년 2월 2일부터 5일 사이에 뮈조 성에서 쓴 시. 『두이노의 비가』와 더불어 불후의 명작으로 손꼽히는 『오르페우스에게 바치는 소네트』(I/5)에 수록된 시에서 장미는 변화, 변혁, 변형의 상징이나. 차안과 피안, 삶과 죽음, 두 세계에 근원적인 고향을 가짐으로써 더할 나위 없이 심오한 인간의 실존 형식과 그 화신이 된 오르페우스를 장미라고 본다.

기념비도 세울 필요가 없고, 다만 해마다 꽃피울 장미만 있으면 된다고 노래하는 릴케. 이것은 그가 장미를 얼마나 자기 전 존재의 대표적 표상으로 삼고 있는가를 확연히 보여주고 있는 것이다. 지고한 문학의 신 오르페우스도 그는 한낱 흘러가는 변천에 지나지 않는다고 보고 있다. 베르크 성에서 릴케가 오비드의 『변신이야기』를 읽고, 뮈조에 있는 자기 책상 위에 조각가의 오르페우스형상을 가져다 놓고 그 이미지에 흠뻑 빠져 있었다. 오르페우스 신화는 동물과 나무에 대한 가수의 위력, 지하세계로의 하강 등 삶과 죽음의 통일에 대한 릴케의 표상이다. 오르페우스 자신이 무한하며, 헤아릴 수 없는 이상적인 공간 속에 있다. 특히 작가의 소명이 장미로 압축되고 있는 데, 그것이 시의 핵심이라 하지 않을 수 없다.

장미, 왕좌 위의 그대여

1922년 2월 15일 뮈조 성에서 쓴 시. 『오르페우스에게 바치는 소네트』 II부 6번 째 시다. 여기에서 릴케는 시 자체를 강하고 참된 장미로 보면서 찬양의 목소리를 높인다. 장미의 태곳적 본성인 순간성도 부각된다. 그의 시는 그의 형태가 언어 속에 주어진 내적 장미에 대한 명백한 반대 작품이다. 장미는 향기나 색상, 그리고 가득참을 통하여 신성 또는 세속을 동시에 드러낸다. 그러므로 그 이미지는 "왕좌"이다. 여러 겹으로 피어나는 장미에게서 시인은 신적 특성을 바라보고 신비주의 세계를 이끌어 낸다. 고귀함을 앞세우는 역사와 전통의 뿌리는 깊어서, 덤불장미처럼 단지 단순한 범위로 이루어지는 고대의 장미와 대비해 돋보이게 한다.

장미가 끝까지 내면에 남아 인간의 마음을 움직이게 하는 비밀 중의 하나는 서로 뒤섞여 피는 무수한 꽃잎들이다. 그것들은 결코 다른 데 눈길을 주지 않고, 언제나 같은 범주 내에서 등장한다. 무한히 반복되는 꽃 덮개들 뒤에는 그냥 숨겨져 있는 것이 아니라, "겹겹이 의상을 걸친 듯 / 그대는 찬란한 빛만으로 이루어진 육체"(5–6행)로 묘사되고 있다. 즉 이러한 덮개가 어떤 것을 벗기 위함이 아니라, 자체가 목적이라는 점이다.

그래서 2연은 장미 이파리들은 고유한 것이 비로소 모습을 드러내는 의상이나 휘감는 그런 역할이 아니라고 하며 "하지만 그대의 꽃 이파리 하나하

나는 / 모든 옷차림의 회피이자 거부이라"(7-8행)고 노래한다. 장미 그 자체는 물질성을 지닌 것이 아니어서 형태와 내용 사이에, 내용과 본질 사이에 구분이 없다. 장미가 자신과 구별될 수 있는 내용을 가지지 못하고, 자체가 고유한 내용이라는 관점에서 "순수한 모순"으로 나타난다. 모순이 바로 장미의 가장 내면적인 본질을 이룬다. 모순은 순수한 것이다. 꽃 이파리들은 항상 전체와의 관계 속에서 배열되고 있지만, 내적인 것을 에워싸고 있는 부분들 이상이다.

노래하라, 내 사랑이여

1922년 2월 17일부터 23일 사이에 뮈좃에서 쓴 시. 『오르페우스에게 바치는 소네트』 II부 21번 째 시이다. 시인은 찬양소리를 점점 더 높인다. 그의 마음은 익어 가는 무화과나무를 향한다. 「제6 두이노의 비가」에서 보던 주제이다. 형태상으로 곡언법 내지 반의어법으로 짜인 시구, 특히 9-10행은 과감하게 자신의 존재를 결정하는 어떤 힘을 간직하고 있다. 그것은 삶 속 삶의 완전존재를 표시하는 양탄자 속의 비단실이다. 슈테판 게오르게의 「양탄자Der Teppich」를 연상케 한다. '이스판Isfahan' 은 인구 약 43만의 이란의 제2의 도시로서 황폐한 고원지대에 비옥한 오아시스로서 직물산업의 중심지이며, '쉬라스Shiraz' 는 인구 약 30만의 지방 수도로서 계곡과 산악지대로 이루어졌으며, 관개시설로 인하여 농경재배가 가능하다. 현대 산업화 시설도 많다. 유명한 페르시아 시인 하피스Hafis와 사디Saadi가 이곳 출신이다. 슬픔에 젖은 이 땅 위의 삶도 방대한 시각에 비한다면 작디작은 것에 지나지 않는다는 사실을 강조하고 있다.

장미의 말

1924년 7월 중군 라가츠에서 쓴 시. 「과수원Vergers」의 53번 째 시로 장미에 대한 찬양이 주제를 이루고 있다. 대부분의 시에서는 단순한 다섯 꽃잎의 장미가 쓰였지만, 여기에서는 현대적이라 할까, 붉은 양배추 같은 괴상한 형태가 암시되고 있다. 시의 바탕에는 언어에 대한 비판의식이 깔려있다. 릴케가 장미에 부여한 최고의 기능은 사물이 지니고 있는 말없는 언어라 할 수 있다. 장미는 다른 사물에 비해 자체에 완전성을 지니고 있어서 말로 표현될 수 없는 한계영역 또한 크다. 그런 문제에 대한 시인의 노력이 은밀하면서도 확실하게 모습을 드러내고 있다. 장미는 단순한 존재를 통하여 정신적이며 불가시적인 세계로 변천한다. 그것은 종종 시인의 언어구사에 장애를 일으키고, 시각마저 새로이 지니게 하여 무의식의 상태까지 인식하게 한다.

연작시 『장미 Les Roses』(I-XXVII)

1
장미에 던지는 시인의 소망은 행복이다. 거기에는 편안한 잠과 깨어 있는 세상 사이의 관계들이 꽃잎으로 상징화된다. 겹겹이 쌓인 꽃은 그침 없는 세상의 고난일 수도, 가장 소중한 중심을 더욱 의미 깊게 하는 삶과 예술의 상관관계일 수도 있지 않겠는가. "꽃잎과 꽃잎 겹겹이, 네 안 깊은 곳"은 장미와 죽음의 연관성을 강조하는 구절로서 『말테의 수기』에도 이미 중심테마로 나타난 바 있고, 「묘비명」 주제이며 그 핵심으로는 "눈꺼풀"이다.

2
책과 장미. 겹겹이 쌓이는 장미 꽃잎과 책장, 그것들이 하나의 단위로 영혼에 결정적인 원소로 작용한다. 바르셀로나의 '장미와 책 축제' 가 연상된다. 인간이 갖는 지적 열망을 표현하는 문화마당이 될 수 있다는 사실을 알린다. 둘은 모든 정신문화의 중심매체이자 인간적인 대화의 원동력이다. 또한 나비는 그런 인간의 혼을 날라다주는 메신저이다. 알맹이가 될 메시지는 삶 자체이리라.

3
모든 것을 분리시키는 존재가 사회와 인간의 삶을 꽃피울 수 있을까? 더 이상 완벽함을 보여줄 수 없을 사물로서의 장미는 무엇보다도 그 스스로에게 충실한 존재였다. 그래서 가득 넘쳐 스스로를 끝없이 넘치게 한다. 자기의 넘침은 누구와의 비교도 가능케 하지 않는다. 하나로 넘쳐 나오니 어떤 이음새도 필요 없는 완전성의 분출이다. 그것이 장미이다.

4
장미를 향하여 던지는 인간적인 소망과 꿈. 그 꽃은 가득함과 넉넉함으로 한계 속에 처한 인간 존재에 기쁨을 던져주는 희망이었다. 언제나 마음이 통하는 세계를 아름다운 형상의 영역으로 펼쳐지게 하는 장미는 시인에게 있어서 백 번이라도 천 번이라도 꾸준히 도전해 볼 수 있을 사념의 원동력이 아닌가. 그러므로 장미는 릴케가 삶 전체를 바친 시를 키울 수 있는 숭고한 예술 자체이다.

5
세상 모든 것들이 서로를 바라보며 외양에 도취해 있으나 장미는 자꾸만 자

기 자신만을 파고든다. “자기 안에서 자기를 애무하면서” 스스로의 모습을 찾는다. 그것은 나르시스 주제로 분류되기도 하지만, 세상 모든 것을 품어 주고 다시 키워내는 면에 있어서 크나 큰 생산력, 창조적 자연력이 작품의 핵심이자, 예술적 이상이다. 장미는 새로운 창조를 내면에서 부드러움과 체념으로 이루어나가는 놀라운 힘의 샘터이다.

6

장미 한 송이 속에 우주가 들어 있다. 장미 속의 세계는 너무나 크고 다양해서 인간의 감각으로는 들어 설 수 없는 무한대의 꿈이 자라나고 있다. 장미와 희망을 인과관계의 근간으로 여기는 시인은 그 속에서 제일 편안한 잠과 영원한 시간을 발견하고, 다른 것으로 대치할 수 없을 독자적이고 원초적인 세계를 예술의 출발점으로 삼는다.

7

릴케가 자신의 묘비명으로 삼은 짤막한 글귀가 생각난다. 장미에 대한 그의 상념은 삶 자체이며, 그것을 비추는 죽음이며, 그 형상으로서의 잠이다. 꽃의 향기는 아름다운 향기로 한 영역에 국한되지 않는 무제한의 움직임을 상징한다. 영원한 삶을 살기로 한 시인이 눈앞에 두고 체험하는 죽음, 그에 이르는 길목의 잠이며, 장미의 향기 속에서 통합된다. ‘눈꺼풀’ 이 아마도 묘비의 문구와 밀접하게 연결된다. 릴케 후기 문학의 찬양적인 성격에 대한 보기로서 이 시는 1924년 9월 그러니까 라론의 비석에 새겨진 시구보다 1년 앞서 쓰였다.

8

『신시집』 속의 「장미의 내면」의 해설이라고 해도 좋으리라. 릴케가 머릿속에 두고 있는 장미의 이미지는 수없이 내면으로 다가서는, 겹겹이 쌓인 꽃잎의 미학이 아닐까. 철철 넘쳐흐르는 꿈과 저 쪽이라는 대안적 방향설정도 그렇다. 이렇다 하게 정해진 것이 없는 것에 대한 소원을 장미는 끊임없이 형상화 시킨다. 우리의 완전한 존재를 위하여…

9

수없이 많은 장미의 이미지 중에서 사람들은 정열을 이야기 하곤 한다. 불타는 노을의 이미지를 내세워도 좋다. 삶이 약동하는 선홍 빛 피, 그 열정을 연상해도 좋다. 성스러운 형이상학의 세계까지도 감각과 관능의 현세로 이끌어 내린다. 그럼에도 불구하고 “발가벗은 성자”의 매혹적인 향기는 허위와 가면을 모르기에 더욱 강한 호소력을 지닌다. 참 인간을 향한…

10
장미는 모든 것을 상실하여 홀로된 자의 벗이요, 거부당하여 고통 받는 자의 참 위로자이다. 바람처럼 홀가분한 삶을 향한, 바람처럼 부드러운 손길의 장미가 우리 곁에서 기적을 만들어 낸다. 언제나 벗이 잘 있는지 안타까이 염려하는 삶의 동반자이다. 인간의 새로운 희망이 된다. 그가 장미를 자유로이 풀어주어, 자기 묘에서 잘 자라도록 한 것은 장미에게 베푼 마지막 은혜였다. 그의 인생에 있어서 가장 진실한 감사의 표징이었다. "시간의 벗, 아무도 그 안에 머물 수 없고"라는 표현은 릴케의 장미가 지니는 최대의 신비 "누구의 잠도 아닌, 눈꺼풀"과 연결되는 감정의 공동영역이다.

11
장미의 완벽함. 인간존재와 삶 자체를 표현하기에 빈틈과 부족함이 없는 대상이다. 그에 대한 경외와 사랑이 칭송하는 마음을 불러일으킨다. 거기에는 모든 분열된 것이 하나가 되었으면 하는 강한 소원도 담겨 있다. 그리하여 화려함의 표현수단으로 즐겨 쓰이는 꽃. 일찍이 클레파트라는 애인 안토니우스를 위하여 2피트나 되는 장미꽃잎으로 된 카펫을 깔기도 했고, 자신의 잠자리를 매일 싱싱한 장미로 가득 채웠다는 것은 한없는 인간의 욕심을 말하기 이전에 꽃이 너무나도 아름답다는 사실을 피해 갈 수 없으리라. 그러나 꽃 잎, 거기에는 틈새가 없고, 믿음과 사랑과 우정이 넘친다. 찬양하는 자에게는 인생의 전부라고 느껴진다. 영혼으로 이해되는 향기를 맡으며 완전한 친구가 됨을 기뻐하는 장미와 나의 존재만이 남는다.

12
그리스의 코린트라는 마을에 로오단테라는 아름다운 아가씨가 있었다. 어느 여름날 밤, 구혼하는 남자 세 명이 찾아들자 그녀는 신전에 숨었다. 돌아가줄 것을 애원했으나 소용없었다. 로오단테의 얼굴은 빨간 복숭아 빛이 되었다. 더욱 아름다워 보였다. 구혼자들은 그녀의 모습을 신전에 있는 여신상 대신 세우려고 했다. 마침 태양신이 하늘을 지나다 그 광경을 보고, 화가 나 로오단테의 발밑을 쏘았다. 그녀는 순식간에 장미나무로 변하였다. 로오단테는 자기 몸을 지키기 위해 가시를 돋게 하였다. 그리스 신화에 나오는 이야기다. 로마 신화는 약간 내용을 달리한다. 큐피트가 장미의 아름다움에 반해 키스하려는 순간 벌에 입술을 쏘였다. 화가 난 그의 어머니 비너스가 벌들의 침을 장미 가지에 붙여 버리자, 그것이 가시로 변하였다는 것이다.

이야기의 흐름이 다른 것도 있다. 아프로디테는 화가 나 벌을 보이는 대로 잡아 죽였다. 그래도 성이 차지 않자 벌들의 침을 빼어 큐피트가 상처를 입은 장미 줄기에 심어 놓았는데 이것이 가시가 되었다. 그리스의 역사학자 헤로도토스도 붉은 장미가 사랑의 여신 아프로디테의 피로 만들어진 것이라고 믿었다. 아프로디테는 연인 아도니스를 도와주다가 나무 가시에 발을 찔렸고, 이 때 흐른 피가 장미가 되었다고 한다.

13
장미는 삶의 기쁨이다. 꽃을 바라보는 사람들은 그로부터 큰 행복을 느끼고 더 많은 추억을 갖는다. 지난날의 아름다운 일들은 꽃의 향기가 되어 다채로운 회상의 색깔로 물들인다. 그리하여 인생이 빛을 발하여 앞날의 가능성을 열어주는 희망이 된다. "꽃잎 하나하나가 장미의 수의"라는 삽입구절도 『신시집』 중의 시 「장미의 내면」을 연상시키며, 삶과 죽음의 합일을 노래하는 상황을 묘사하고 있지만, "향내 나는 상자 안에, 램프의 심지 곁에서였던가/아니면 홀로 다시 읽게 될 아끼는 책 속에서였던가"로 되새겨지는 추억탐색이 죽음 속에서 영원을 찾는 초월적 존재성을 깨닫게 한다. 이 순간에 "누구의 잠도 아닌 즐거움이여"라고 노래하는 대상인 "눈꺼풀"이 언급된다. 시는 연작시의 억양구조에 아주 적합한 시로서 『발리스 4행시 Quatrains valaisans』의 14번 째 시 "높이 자란 풀잎 사이의 붉은 장미 한 송이/은은한 잿빛, 말쑥한 포도밭…"(SW II. 562)의 실마리가 되고 있으며, 라론의 비명도 이 시에 이미 예견되었다.

14
여름의 장미는 풍요로움 자체이다. 계절이 간직하고 있는 힘은 성숙을 위한 단련과 인내로 이어진다. 장미는 그런 절정의 계절에 내려지는 신의 축복이다. 수줍은 봉오리의 아릿한 아름다움이 아니라 활짝 핀 환희의 빛깔이다. 꽃이 품고 있는 너그러운 마음도 절대의 순간을 향한 희열이지만 그 앞에서 잊지 말아야 할 겸허한 마음이 아니랴. 완전하고 가득 채워져 있을 때 떠나가 자리를 비운 그 하나를 위해 마음 조리는 애틋함이 장미의 참모습이려니, 영원한 삶이 목표가 될 수 있을 장미를 향하여 숨결 돋우며 노래 부르는 목소리가 들린다.

15
장미의 고독. 꽃이 자아내는 인간존재에 대한 메시지이다. 꽃은 홀로 있지만 자신의 공간을 가득 채우는 완전한 존재이기도 하다. 진정한 꽃의 고독은 보는 자에게 존재의 빈자리를 느끼게 하고 깨달음을 안겨다준다. 형상 없는 향기가 꽃의 현존을 돋보이게 하고, 공간의 제한을 풀고, 나와 너의 존재적 연관성을 이어준다. 아, 장미는 그래서 경이로운 배우처럼 새로운 가상세계를 현실에 덧붙여 준다.

16

장미의 실체는 인간이 갖고 있는 말로서는 닿지 않은 저 먼 곳에 있다. 인간은 그것을 상상의 공간에 가두어 둔다. 그렇기에 사람들은 다른 꽃들을 통해 식탁을 아름답게 하거나 분위기를 조성하는데 부가적 역할을 하지만, 장미는 오히려 주변 모습 자체를 바꾸는 놀라운 힘을 간직하고 있다. 단순하게 여겨지는 것들도 장미에게서는 확연한 변화요, 새로운 시작이 된다. "오, 장미 변혁의 꽃이여"라고 릴케가 노래하는 까닭도 거기에 있다. 수많은 색깔들과 연결된 그것은 사물과 천사의 묵묵한 언어를 소유하고 있다. 40여개의 서로 다른 정감들을 표현하는 강력한 감정전달체계를 지니고 있어서, 그와 더불어 그는 장미에 대하여 말해야만 했던 최상의 것을 표출한다.

17

장미는 성역이다. 아무도 들어갈 수 없는 순수한 원초점이다. 세상의 대상물 중에서 장미는 우주 전체를 담고 있는 공간이자 인위적인 것이 멈춘 절대순수공간이다. 그것은 성스러움으로 자라나 모든 예술의 이상향이 된다. 장미가 꿈꾸는 곳… "네 안에서, 너 자신보다 더욱 더/ 네 궁극적인 본질을 준비하는 것은 너"라는 구절은 "누구의 잠도 아닌", "눈꺼풀"과 깊이 연관된다. 장미는 시간 앞에서 잽싸다. 설익어 부끄럽고 안정감이 없는 것은 비로소 새로운 세상을 경험하지만 그런 절제된 상태가 아름다움의 근본이다. 거기에 뜻있는 인간의 삶, 즉 행복이 있다. 그것을 지켜보는 장미는 향기와 빛과 소리를 품어 안고 아름다움을 과시한다.

18

장미는 커뮤니케이션이다. 내가 가지고 있는 마음과 네가 품고 있는 생각을 나누며 가까이 만날 수 있는 소통의 기틀이다. 생각하고 느끼는 것들을 담을 수 있는 그릇이 있다면 장미의 이름으로 만들어 보내리라고 사람들은 말하고 있다. 모든 낱말들을 실어 나를 수 있는 나비들이 있으면 너와 내가 가르고 있는 차이도 사라지리라. 서로 다른 것들을 읽고 나누어 하나가 될 수 있는 장미의 세계를 알고 싶다. 앞의 부분들이 거의 다 "네 책의 모든 페이지들을 읽기 위해서는/ 백 마리의 나비가 필요할지 몰라"라는 구절을 향하고 있다.

19
장미의 존재는 우리가 애쓴다고 쉽게 쟁취할 수 있는 그런 것이 아니다. 신의 은사가 있어야 된다. 그렇기에 그 세계는 성역(聖域)이라 하고, 신의 뜻이 어떠한가에 따라 모든 것이 좌우되는 인간 최대의 희망사항이다. 겹겹이 싸인 장미의 세계는 신비 그 자체이기에 인간이 본보기로 삼지만 늘 먼 이상의 세계로 머물면서 우리의 현실을 키워나가는 것이 중요하다. '장미'와 '라혼의 비명' 사이에 시간적으로 밀접한 관계를 지니고 있을 뿐만 아니라, 3-5행은 동일한 태도에서 파생되어 불가분의 관계를 맺는다. 이것 역시 "누구의 잠도 아닌 즐거움"이라는 장미세계를 암시한다.

20
장미의 내면공간을 노래한다. 아무도 마음대로 지배할 수 없는, 모든 대립이 멈춰 선 절대공간이 아니던가. 거기에 깃들여 있는 붉은 빛 장미의 순수세계는 너무나도 차분해 보이지만 바깥으로 격정을 몰고 올 듯 숨은 열정도 느껴진다. 세상의 모든 힘이 네 앞에서는 겸손하고, 보잘 것 없어지는데, 대기의 손길 하나하나가 어린 아이처럼 순진한 너와의 시간을 즐긴다. 아, 티없는 순수의 세계여, 장미여.

21
장미의 고고함이 찬양의 대상이다. 원형의 미학에 기반을 두고 영원한 순환의 의미가 덧붙여진다. 스스로의 회전은 그러나 너무나도 자기 자신에만 도취되어 주변과의 관계를 제대로 인식하지 못하고, 더 나아가 자신의 참모습도 보지 못하게 하는 아쉬움을 표현한다. 격정에 취한 시인 자신의 잘못을 뉘우치며 되새기는 과정도 드러난다. 숭고한 자기세계도 좋지만 힘을 모아 합일 속에서 이루려하고 있는 '하나'도 강조된다. 그것이 중심이 된다면 얼마나 좋을까 하는 소원도 피력하면서… 장미를 에워싼 주변의 노력과 그에 대한 이해촉구가 시어로 꽃을 피운다. 둥근 장미의 세계가 그립노라고 강조되는 것이나, 중심으로서의 고요함과 세계의 상관관계도 장미 안에 압축된다.

22
삶과 죽음의 세계를 하나로 체험하는 장미. 모든 간격과 대립을 극복하여 얻은 전일의 세계. 그 하나를 위하여 꽃을 피우는 장미의 꿈은 확신에 가득 찬 "행복" 그 자체이다. 아무도 말로 표현할 수 없을 피안의 숭고한 세계를 장미는 자기 내면에 간직하고 있다. 우주의 본체다. 모순이다. 죽음은 릴케이 모든 망설임을 숙성시켜 삶을 무르익게 했다. 그 때문에 그의 비명에는 그것에 관한 이야기가 더 이상 없나. "삶을 포기하고, 지난 일들과/ 다가올 일들을 거부한다 해도/ 우리 곁에서 기적을 일구어 낼/ 이 올곧은 벗에 대한 생각을 그칠 수는 없으리"라는 10번째 시의 내용과 연결된다. 또한 릴케가 22번째 시에서 강조하는 "이 확신에 가득 찬 행복"(5행)에도 귀결된다.

23

마지막 부분에 이르면서 장미는 인간 존재를 상징하는 모습을 띤다. 생사문제와 관련하여 스스로가 왜 늦게 태어났는지, 그리고 태어나면서부터 죽음과 이웃하고 있는 자신의 존재한계성을 선명하게 규정짓는다. 그러나 인간의 한계를 넘어선 자체의 위대한 스펙트럼을 바라보며 또한 절대미의 고요한 장미에 대해서 경탄의 눈길을 던진다. 릴케의 생애 말기에 장미는 라론의 신비적 형상으로 나타난다. 동시에 세속적인 것에 의해 해체되어 "자신의 고유한 죽음"을 죽는다. 그런 것을 이겨냄으로써 얻을 수 있는 '행복'을 장미는 최후의 상징으로 노래한다. 『시도집』의 "그들은 영혼이나 다름없었던 그들의 육신에서/ 흠이 없는 그를 맞아들였네./ 그들의 눈은 장미들처럼 닫혔고/ 그들의 머리칼은 사랑의 밤으로 가득 하였네"(SW I. 365)라는 구절을 연상시킨다.

24

장미는 운명의 본체이다. 왼쪽의 바깥에서 처음 시작되는 운명이 암시되고 있다면, 그것이 다 탈진하여 끝나는 곳이 어딘가에 대한 시인의 안타깝고 진지한 탐색도 이루어지고 있다. 돌아오지 못하는 곳, 우리와 함께 남겨진 그곳에서 아픔을 함께 나누게 되는 것은 그것이 바로 서로 함께 하지 않고 있다는 사실 때문이 아니랴. 일상에서 벗어난, 거의 치열하고 희망이 없는 상황에 대한 표현으로서 "돌아오지 못할 지점"(5행)이 시의 정점을 이룬다.

25

과거의 영역까지 닿아 평소 길들여진 삶의 방식이나 추억에 이르고 있고, 미래를 향한 눈길은 꿈이 되고, 환상의 원천이 되어 예술의 기품으로 자리잡는다. 장미는 영력을 더해주는 종교의 경건성과 만나 "장미 창 속에 승리의 모습이 되며", 영원성의 승리, 즉 죽음이라는 평화에 이른다. 바람결을 타고 지나가는 기도 찬가는 영혼의 힘으로 자라나 장미라는 이미지로 나타난다.

26
장미, 일상 속에서 변화도 모르고 편안한 모습으로 늘 제자리에서 자기를 지키며 피어난다. 그것이 어떻게 존속하며, 향기를 피우며 삶의 모습을 보여주는지 쉽게 알 수는 없지만, 우리가 말하는 현세의 모든 것이자, 죽음까지 포함한 무한 존재의 그 부분까지도 하나로 묶어주지 않는가. 릴케가 장미를 왜 그다지도 죽기까지 좋아했는지 알 수 있게 하는 대목이다.

27
장미는 삶의 바로미터다. 인간이 감정을 갖고 임하는 모든 일을 바로 볼 수 있게 해 주는 지표이며, 자신의 존재를 들여다볼 수 있는 거울이다. 이지적인 힘 보다 몸과 일체화 되는 감각적인 힘이 강하게 작용하는 삶의 바탕이다. 그래서 "꽃 중의 꽃"으로 불리며 "행복"까지도 가늠해 줄 수 있는 잣대로 인식되지 않는가.

장미 너 순수한 모순

초판 1쇄 발행 2007년 7월 18일

지은이 | 조두환
발행인 | 원당희

발행처 | 도서출판 자연사랑
출판등록 | 1996. 6. 7(제9-10)
주소 | 서울 마포구 마포동 35-1 현대빌딩 509호
전화 | 02-3272-5338~9
팩스 | 02-743-3127
e-mail | nature_love@lycos.co.kr

※ 제본이 잘못된 책은 바꾸어 드립니다.